La guerre
de survie juive

Arnold Leese

Révélations d'un Goy-averti

La guerre de survie juive

par

Arnold S. Leese

Traduit de l'anglais par
Valérie Devon

Londres 1937

PREMIERE EDITION, SEPTEMBRE 1945

DEUXIÈME ÉDITION, AVRIL 1947

À la mémoire de Rudolf Hess

Sans vérité, il n'y a pas de pardon.

©2017 par Valérie Devon
Imprimé et Publié par Valérie Devon

Tous les droits sont réservés. Ce livre ou une partie de celui-ci ne peut être reproduit ou utilisé de quelque manière que ce soit sans l'autorisation écrite expresse de l'éditeur, à l'exception de l'utilisation de courtes citations dans une revue de livres ou un journal scientifique.
Contact information : didi3486@gmail.com

Dédié aux centaines de Britanniques patriotes qui, avec l'auteur, furent emprisonnés sans inculpation ni procès durant la Deuxième Guerre mondiale.

Arnold Spencer Leese (1878 - 1956)

Arnold S. Leese était la parfaite mouche du coche sur le dos de l'establishment britannique. En raison de son insistance pour que la Grande-Bretagne ne s'engage pas dans une guerre avec l'Allemagne et ainsi sauver des millions de vies et par la même occasion l'Empire britannique, allant donc contre la volonté des juifs, il fut emprisonné sans inculpation ni procès en vertu du Règlement. 18b. L'un des grands faits cachés concernant la Deuxième Guerre mondiale est que les pouvoirs "démocratiques" ("Alliés") ont, de façon similaire à celle des puissances de l' "Axe", emprisonné les opposants politiques. Alors, quelle est la différence ? *"Cui bono, cui Bono..."*

AVANT PROPOS

Il aura fallu neuf mois pour finaliser la première édition de mon livre. J'ai commencé à y travailler au printemps de 1945. Berlin était tombée et Hitler était mort parmi ses soldats.

Mussolini avait été bestialement assassiné. La Conférence de San Francisco battait son plein.

Ce livre a nécessité des centaines d'heures de travail. Ayant effectué ce travail entièrement à la main, avec l'assistance de quelques amis, d'innombrables difficultés ont dû être surmontées. En raison du nombre limité de copies de première édition produites, j'ai demandé à mes amis de faire connaître les faits contenus ici.

Les évènements épouvantables qui ont eu lieu en Europe depuis le printemps de 1945 justifient amplement tout ce que j'ai écrit. Dès 1924, j'ai déclaré qu'il y a deux choses pires encore que la guerre. L'une est l'INJUSTICE. L'autre est une paix bolchevique !

Arnold S. Leese

22 décembre 1945

Table des matières

PRÉFACE 1

Chapitre 1

Nous avons lutté pour sauver l'indépendance de la Pologne 3

Chapitre 2

"Nous luttons pour défendre la liberté" 12

Chapitre 3

"Nous luttons pour la paix" 20

Chapitre 4

"Nous faisons face à la remise en cause de notre propre sécurité"
.... 21

Chapitre 5

"Nous défendons les droits de toutes les nations à vivre leur propre vie" et "nous luttons contre la substitution de la force brute à la loi comme arbitre entre nations" 24

Chapitre 6

"Nous luttons contre la violation de la sainteté des traités et le mépris de la parole donnée" 30

Chapitre 7

"Nous luttons aujourd'hui pour la préservation des principes chrétiens"
Éditorial, le Times de Londres, 17 février 1940 33

Chapitre 8

"Nous luttons comme nos pères ont lutté pour défendre la doctrine selon laquelle aux yeux de Dieu, tous les hommes sont égaux" 40

Chapitre 9

"Nous luttons pour la démocratie" 45

Chapitre 10

La théorie selon laquelle la haute finance est à l'origine de la guerre 52

Chapitre 11

Le but est de détruire le fascisme et l'hitlérisme 54

Chapitre 12

Non préparés et aveuglés 59

Chapitre 13

Hitler a toujours su qui était son véritable ennemi 64

Chapitre 14

Hitler voulait la paix avec la Grande-Bretagne 68

Chapitre 15

Comment la Grande-Bretagne fut poussée à faire la guerre 72

Chapitre 16

Les juifs reconnaissent leur pouvoir et menacent 77

Chapitre 17

Les juifs déclarent la guerre 82

Chapitre 18

La guerre juive 91

Chapitre 19
La paix : défaite de la Grande-Bretagne quel que soit le vainqueur 105

Chapitre 20
Conclusion.. 109

ANNEXE 1
La guerre d'extermination 112

ANNEXE 2
Ce que le monde a rejeté : l'offre de paix d'Hitler du 1er avril 1936.... 115

ANNEXE 3
Les procès de Nuremberg... 117

ANNEXE 4
Nouvelles affectations 119

BIBLIOGRAPHIE.. 123

INDEX... 125

PRÉFACE

Tout comme le parlementaire, M. Richard Stokes, j'ai défendu une paix négociée mais peut-être pour des motifs très différents. M. Stokes n'a pas été incarcéré, parce qu'il n'affrontera pas la Menace juive. Depuis le début de la guerre, j'ai fait ce que j'ai pu en faveur d'une paix négociée, peu importe quel côté avait le dessus à ce moment-là. Je pense que d'un point de vue national, la guerre était un désastre, qu'elle était injuste et inutile. Le fait d'avoir des opinions similaires sur d'autres guerres qui leur étaient contemporaines, des hommes très connus tels que : Pitt, Fox, Bright, Lloyd George, Ramsay MacDonald et l'actuel secrétaire d'état à l'intérieur, Herbert Morrison ne furent pas incarcérés. Il y a bien sûr une différence dans mon cas, car j'attaque les juifs, eux non, et les juifs détiennent le pouvoir suprême.

J'ai déjà attaqué les juifs et j'ai remporté une grande victoire morale sur eux. En 1936, les juifs m'ont fait enfermer pendant six mois pour ce qu'on a dit être un "méfait public" pour avoir mentionné dans mon journal, *The Fascist*, le sujet du meurtre rituel juif. M'ayant évidemment jugé selon leurs propres critères, ils pensaient m'effrayer et me faire taire. Quand je suis sorti de prison, j'ai publié un livre sur le sujet et ils m'ont honoré en gardant le silence, un silence si intense qu'il pouvait presque être entendu ! Ils avaient peur d'en faire la publicité en engageant une nouvelle action contre moi. Je les ai défiés avec succès et le livre a, depuis, été distribué dans le monde entier. J'espère donc à nouveau que ce soit un succès.

Cette guerre était juive et n'a jamais eu d'autre objet que d'arracher les juifs à Hitler. Les neuf premiers chapitres réfutent les "causes" données de temps en temps par les politiciens et d'autres concernant notre présence dans une guerre que même les masses ignorantes avaient perçue et qualifiée de "drôle de guerre". Le douzième chapitre traite d'une vérité tronquée répandue parmi les mieux informés. Le reste du livre complète mon argument selon lequel la guerre était juive et que la Grande-Bretagne y fut contrainte pour servir des intérêts juifs. De cette guerre, le monde n'a juste vu qu'un autre bluff stupéfiant, et ça aussi c'était un fait juif.

Arnold S. Leese
5 mai 1945

Préface de la deuxième édition

La première édition, limitée à quelques centaines d'exemplaires produits par mes amis après un grand effort par le processus de ronéo, fut immédiatement épuisée.

Dans cette deuxième édition, des modifications ont été apportées au texte et de nouveaux éléments ont été ajoutés. Un index et des annexes ont été inclus. L'annexe 1 porte sur la guerre d'extermination qui se poursuit. Seuls les moyens ont changé. Alors, il s'agissait de bombardements. Maintenant, c'est la famine. L'annexe 2 est un aperçu de ce que le monde a rejeté dans l'offre de paix de Hitler du 1er avril 1936. L'annexe 3 est une lettre inédite sur le procès de Nuremberg envoyée au *Times* (Londres). L'annexe 4 aborde les nouvelles affectations.

Arnold S. Leese
1er avril 1947

Chapitre 1

Nous avons lutté pour sauver l'indépendance de la Pologne

EST-CE que c'est pour défendre la Pologne que nous avons été envoyés à la guerre ?

L'assurance du soutien britannique à la Pologne si elle était attaquée a été officiellement annoncée par le Premier ministre Neville Chamberlain le 31 mars 1939 en ces termes :

> La France et la Grande-Bretagne apporteront tout leur soutien dans le cas d'une action qui menacerait clairement l'indépendance polonaise et à laquelle le gouvernement polonais estimerait nécessaire d'y opposer sa force nationale.

À première vue, il semblerait que l'indépendance de la Pologne était une cause pour laquelle l'Empire britannique était prêt à mettre en jeu toute son existence. Une rapide réflexion sur cette théorie suffit à l'éliminer.

La position géographique de la Pologne seule rendait difficilement réalisable la protection de l'indépendance de ce pays contre la force armée de l'Allemagne. Nous pouvons penser ce que nous voulons de la morale - réelle ou imaginaire - des membres du gouvernement de Sa Majesté, mais ils sont au moins assez intelligents pour ne pas avoir besoin de consulter une écolière de douze ans avec son atlas à six penny dans une affaire aussi évidente. Quand ils ont permis à M. Chamberlain de faire cette déclaration, presque mais pas totalement incontestés, *ils savaient que le succès était impossible*.

La guerre de survie juive – Arnold S. Leese

Voilà la réalité : *ils le savaient !*

En d'autres termes, ils ont agi sans considération pour le bien-être de leur pays et de l'Empire en risquant l'anéantissement des deux pour quelque chose qu'ils savaient impossible à réaliser.

Lord Arnold a condamné ce pacte avec la Pologne comme "...l'une des décisions les plus imprudentes jamais prises par un gouvernement britannique".

Quelques autres membres des deux Chambres en ont parlé en des termes similaires, mais ce fut tout !

En un mois, le massacre futur était assuré par l'adoption d'une formation militaire obligatoire dès l'âge de vingt ans pour tous les hommes britanniques. L'appel au service national avait déjà été fait sous la forme d'une brochure envoyée à tous les ménages du pays et compilée par Humbert Wolfe, un juif.

L'accord formel d'entraide mutuelle a été effectué le 25 mars 1939 et a été accompagné d'un énorme prêt à la Pologne. Ceux qui l'ont fait savaient qu'une assistance mutuelle entre la Pologne et la Grande-Bretagne ne saurait exister. Au moment où la Grande-Bretagne pourrait, par quelque miracle, opérer pour "sauver" la Pologne, le patient serait mort. L'article 2 du document laissait à la Pologne la décision du moment où l'Empire britannique devrait tout risquer dans la guerre.

Notre assistance était conçue pour dépendre de "l'action d'une puissance européenne qui menaçait clairement, directement ou indirectement, l'indépendance" de la Pologne et "était de nature telle que la partie en question" (la Pologne) "considérait qu'il était essentiel de résister avec ses forces armées." Il ne revenait pas à la Grande-Bretagne ou à la France de le revendiquer. Si le gouvernement polonais le *considérait*, nous devions y aller. Il est donc important de rappeler que le ministre polonais des affaires étrangères à l'époque était le colonel Beck, fils d'un juif converti[1] et que le correspondant en Angleterre de l'agence télégraphique polonaise Stefan Litauer, était également juif. Notre

---

[1] "Le ministre polonais des Affaires étrangères, Joseph Beck, est d'origine juive," son père étant "un juif converti de la Galice". (*Jewish Daily Post*, 28 juillet 1935.)

ministre des affaires étrangères était Lord Halifax, dont le fils et héritier avait épousé la petite-fille d'un Rothschild. Notre ministre de la guerre était Hore-Belisha, un juif.

Lorsque le colonel Beck est mort en 1944, fidèle à la conspiration du silence maintenue par la presse, la notice nécrologique du *Times* (Londres), bien que décrivant la visite de Beck en Angleterre pour discuter du futur accord qui nous a entraînés dans la guerre, n'a fait aucune mention du fait qu'il était juif.

On pourrait suggérer que nous avions de gros engagements financiers et des intérêts en Pologne, et que le responsable de notre entrée en guerre était le capitaliste malfaisant afin de sauver son bout de gras polonais. Mais le capitaliste savait aussi bien que les politiciens que sa capitale en Pologne ne pouvait être sauvée par aucun effort que la Grande-Bretagne ou la France pouvait faire, mais ferait courir le risque, lorsque la guerre serait déclenchée, d'une dévastation avec la certitude de confiscation par l'ennemi de toute partie qui échapperait à la destruction.

Alors, encore une fois, cette capitale britannique en Pologne était-elle assez importante pour être préservée au prix de la guerre avec l'Allemagne, même si elle avait ainsi pu être sauvée ? Un juif, L. Welliscz, dans son livre *Foreign Capital in Poland* donne des chiffres montrant que jusqu'en 1937, moins de 6 % du capital étranger investi en Pologne était "britannique", 27 % était "français" et 19 % était "américain". Il vous reste à deviner quelle proportion de ce capital "britannique", "français" et "américain" était en fait juive. Nous savons que la Compagnie d'assurance prudentielle (dont les liens juifs sont si puissants qu'elle a prêté un demi-million de livres sterling à la ville juive de Tel Aviv en Palestine en 1936 - une sécurité très précaire) possédait la Compagnie d'assurance prudentielle de Varsovie, qui à son tour avait de grandes imbrications industrielles en Pologne. Mais même du point de vue d'un capitaliste international sans âme, entre l'Allemagne et la Pologne, ce n'était pas la préservation de la Pologne qui valait une guerre.

Bien que la guerre ait commencé à la suite de la querelle entre l'Allemagne et la Pologne, ce n'est pas pour la Pologne que la Grande-Bretagne est allée en guerre. J'ai montré que la promesse de Chamberlain et l'accord conclu plus tard entre la Grande-Bretagne et la Pologne sont inexplicables à moins qu'un facteur non britannique soit l'influence dominante. Ce facteur non-britannique ne pouvait être que le pouvoir de l'argent juif agissant, cette fois-ci, non pas dans le seul intérêt de l'argent juif, mais pour s'assurer que la Grande-Bretagne lance ses forces dans un combat pour la survie des juifs.

La Pologne était un pays envers lequel la Grande-Bretagne elle-même n'était pas très intéressée. C'était cependant un intérêt juif direct, tout comme l'était la Tchécoslovaquie. Même le *Times* (Londres) a admis le 4 avril 1939 que :

> Les juifs sont les principaux propriétaires de l'immobilier urbain en Pologne.

Le manuel n° 43, *Pologne*, publié sous la direction de la section historique du Foreign Office, dit :

> La société en Pologne est mal équilibrée. Dans la campagne, tout le pouvoir est dans les mains des nobles, dans les villes, entre les mains des juifs.

Sur la page suivante, il est indiqué :

> Le contrôle juif des échanges et du commerce a tellement compromis ces activités aux yeux des classes supérieures polonaises qu'ils sont devenus pratiquement un monopole juif.

La Pologne était une sorte de dernier refuge des juifs et elle en était pleine. À la fin de 1938, onze grands capitalistes juifs qui "valaient" à eux seuls 660 millions de zloty ou près de 17 millions de livres sterling au taux d'avant-guerre opéraient en Pologne. Le juif Dr. Litauer a écrit dans *Query* en 1938 (cité dans le *Jewish Chronicle*, Londres, 24 mars 1944) que les juifs constituaient 62 % des commerçants et que seulement 23 % étaient des ouvriers ; alors que, même sans prendre en considération l'agriculture (une industrie purement non-juive - A. L.), 53 % des Gentils en Pologne étaient ouvriers et 17 % seulement étaient des employeurs.

L'analyse ci-dessus de la situation montre que la Pologne était un intérêt juif plutôt que britannique. Mais je vais aller plus loin et affirmer que non seulement la Pologne n'était pas un intérêt britannique, mais que la Grande-Bretagne et le gouvernement britannique n'en ont rien à faire de la Pologne. Ils l'ont prouvé à la fois par leurs actions et par leur inaction pendant la guerre elle-même.

Lorsque l'Allemagne a rapidement envahi la Pologne en 1939, la Russie s'est interposée dans le sens le plus littéral du terme et a occupé par la force la moitié orientale de ce pays. C'était un pur acte d'agression et cela a provoqué l'effondrement complet de la résistance polonaise contre l'Allemagne.

Quelle a été la réaction en Grande-Bretagne ?

Personne ne semblait guère s'en soucier.

L'agression allemande était une chose, mais l'agression russe était tout autre.

Lloyd George, écrivant à l'ambassadeur de Pologne ici (à Londres) a déclaré qu'il était ravi que notre gouvernement n'ait montré aucune indication de placer l'avance de la Russie en Pologne dans la même catégorie que celle de l'allemande !

Bien sûr, il est facile de souligner que déclarer la guerre à la Russie en raison de son invasion de la Pologne aurait été suicidaire pour les Alliés. Mais peut-on dire que c'était plus suicidaire que de déclarer la guerre à l'Allemagne pour avoir fait la même chose ? L'alternative à une déclaration de guerre à la Russie pour son agression était d'admettre que rien de ce que nous pourrions faire ne pourrait sauver la Pologne, faire la paix avec l'Allemagne et se retirer de la guerre. Mais cela n'aurait pas convenu aux juifs, alors nous avons continué le combat, ce qui montre que ce n'était pas pour la Pologne que nous nous inquiétions.

Eh bien, la Russie a été chassée de la Pologne par les Allemands et après de nombreux jours, elle est revenue en 1943 et 1944. Les anciennes frontières de la Pologne furent encore envahies par la Russie. Le 18 octobre 1943, le *Times* (Londres) dans un article principal a déclaré :

> La Russie ne réclame aucune extension des frontières qu'elle détenait quand Hitler a lâché ses hordes envahissantes en juin 1941, et après tout ce qu'elle a enduré et réalisé au cours des deux dernières années, toute proposition visant à les restreindre serait clairement ressentie comme mal conçue et mal programmée.

Non ! Il n'y avait rien à dire pour la pauvre et faible Pologne ! Il s'agissait des "armées libératrices" russes. Il semble que l'indépendance de la Pologne pour laquelle nous sommes censés être entrés en guerre signifiait, au maximum, l'indépendance de sa moitié occidentale !

De façon embarrassante, Staline resta silencieux sur ses intentions. Les porte-parole du gouvernement de Sa Majesté ont prétendu qu'ils n'avaient rien remarqué. Tant et si bien, qu'il fut possible au juif Sir Percy Harris de dire à la Chambre des communes (*Times*, Londres, 12 novembre 1942) qu'il

> ...était convaincu que M. Eden verrait à ce que le peuple polonais ne soit pas négligé dans le re-découpage de la carte de l'Europe.

Assurément, cette remarque, après plus de quatre ans d'affreuse guerre "pour l'indépendance de la Pologne", mérite d'être considérée comme une indication inestimable pour la vérité.

L'ambassadeur soviétique juif au Mexique, Oumansky, fut en fait le premier à déposer une brique pour son gouvernement. Il a laissé entendre dans un discours (selon le *Times*, Londres, 12 novembre 1943) que

> La Russie considère sien le territoire polonais occupé à l'été 1939.

Pris la main dans le sac ! Le gouvernement soviétique a confirmé ce point de vue en 1944.

Un gouvernement fictif sans mandat ou pays à gouverner, a été créé pour la Pologne en Angleterre. Le général Sikorski, son premier ministre, a été doté d'officiers pour son gouvernement de marionnettes, par nul autre que Lord Nathaniel Rothschild, l'amitié entre les deux, Gentil et juif, étant de longue date (*Evening News*, 18 septembre 1942). Ah ! Ces copains de Rothschild !

Pendant ce temps, dans la vraie Pologne que la Russie avait envahie, les maires et les conseils municipaux polonais avaient été déplacés dans de nombreux endroits par les juifs, et ici et là par les Ukrainiens. (*Times*, Londres, 2 octobre 1939).

En 1943, les Allemands ont déclaré qu'ils avaient découvert une fosse à Katin, près de Smolensk, remplie des corps de milliers d'officiers polonais qui avaient été assassinés, disaient-ils, par les Russes. Ils avaient tous été abattus d'une balle dans la nuque. Le gouvernement de marionnettes polonais à Londres a demandé à la Croix-Rouge internationale d'enquêter sur la question. Le gouvernement soviétique ne l'autorisera pas et annulera les relations diplomatiques.

Si en 1939, la Grande-Bretagne désirait tellement que l'indépendance de la Pologne soit préservée à tout prix, n'est-il pas évident que le sort de plusieurs milliers d'hommes du meilleur sang de Pologne devrait être une préoccupation pour elle ?

Mais non !

Toutes les méthodes possibles pour atténuer la publicité concernant l'effroyable outrage furent utilisées. Les Allemands furent tenus responsables. Si le gouvernement britannique avait réellement pensé que cet horrible record en termes de massacre avait été accompli par les Nationaux-Socialistes, n'aurait-il pas donné à l'affaire la plus grande publicité ? Ni les autorités polonaises ni les autorités britanniques n'ont cru l'histoire selon laquelle ces officiers avaient été massacrés par les Allemands.

On apprit que quelque dix mille ou plus officiers polonais capturés par les Russes après les combats de septembre 1939 avaient été placés dans des camps. Depuis le début de 1940, la Croix-Rouge polonaise n'en avait aucune nouvelle. Les Russes disent qu'ils avaient été libérés, mais on peut toutefois raisonnablement affirmer qu'ils ont été liquidés.

Les Soviétiques ont mené leur propre enquête. Ils accusèrent les Nationaux-Socialistes pour ces meurtres. Personne ne l'a cru. Le gouvernement britannique ne se souciait guère plus des plus fins hommes virils de Pologne que s'il s'agissait de chats errants. La situation a été résumée sans vergogne dans le *Daily Sketch* en ces termes :

> Il est reconnu dans les milieux diplomatiques que le refus d'accepter les témoignages de la Commission soviétique finirait par fermer la porte au rapprochement russo-polonais. (27 janvier 1944).

La guerre de survie juive – Arnold S. Leese

Le gouvernement britannique n'a jamais insisté pour que soit menée une enquête indépendante. La presse a gardé le silence sur le sujet pendant un certain temps, puis la démocratie l'a complètement oublié.[2]

Le gouvernement fantoche polonais a eu beaucoup d'ennuis à propos de l'antisémitisme dans son armée. Cela revenait régulièrement dans des incidents. C'était quelque chose que le gouvernement britannique ne pouvait négliger. Il ne s'agissait pas d'assassinats d'officiers polonais. Il s'agissait de juifs que l'on contrariait. Cela fait une différence. Ainsi, le gouvernement britannique a empêché les informations polonaises (*London Polish Weekly*-Ed.) de continuer à publier en suspendant son approvisionnement en papier. Lorsque l'antisémitisme provoqua la désertion des soldats juifs, le gouvernement fantoche polonais à Londres a été informé officiellement de "la grande importance que le Gouvernement de Sa Majesté attache au gouvernement polonais pour continuer et intensifier ses efforts pour éradiquer toutes les manifestations d'antisémitisme dans les forces polonaises stationnées dans ce pays".

J'en ai assez dit pour démontrer que ça n'a jamais été les Polonais dont le gouvernement britannique se souciait, mais des juifs. Assassinez dix mille officiers polonais ou plus et vous pouvez vous en sortir. Contrariez la domination juive des affaires de votre pays, ou leur participation, et si vous êtes un Polonais, le gouvernement britannique fera "pression" sur vous. Si vous êtes un Britannique, vous serez mis en prison pendant des années sans inculpation ni procès et les tribunaux seront utilisés contre vous si vous essayez, à travers eux, de retrouver votre liberté. Oui, même jusqu'à la Cour d'appel ultime - la Chambre des Lords elle-même.

Nous ne sommes donc pas allés en guerre pour la Pologne ou les Polonais. M. R. J. Davis, député, a déclaré à la Chambre le 24 mai 1944

---

[2] Un article dans le *New Leader* (U.S.A.) du 14 octobre 1943, p. 5, par Alexander Kerensky, connu parmi les exilés russes blancs comme demi-juif, premier ministre du gouvernement provisoire en Russie avant la révolution bolchevique, révèle que le général Sikorski savait depuis au moins deux ans avant la découverte allemande des morts de la fosse Katin, que ces officiers avaient disparu, mais le général resta silencieux à cause de l'effet que le mystère aurait eu sur son armée polonaise.

qu'il est douteux que le gouvernement britannique ait un mot à dire sur le genre de Pologne qui sortira après le conflit tel que "Staline le déterminerait !". (Il l'a fait - Ed.)

La Russie ne tolérera aucun État frontalier qui ne soit pas bolcheviste. Le mot "libéré" appliqué à la Pologne est une hypocrisie odieuse et inacceptable. Churchill a annoncé sa soumission à Staline en ces termes :

> Les changements territoriaux à la frontière de la Pologne auront lieu. La Russie a droit à notre soutien dans cette affaire, car ce sont les armées russes qui peuvent seules délivrer la Pologne des bottes allemandes, et après tout ce que les Russes ont souffert aux mains de l'Allemagne, ils ont droit à des frontières sûres et à avoir un voisin amical sur leurs flancs occidentaux. (Chambre des communes, septembre 1944).

La Russie a mis en place un autre gouvernement polonais à Lublin et ce gouvernement bolchevique a été mis en place à Varsovie en 1945 sans le consentement de la Grande-Bretagne. Aucune protestation n'a été faite par la Grande-Bretagne. Ainsi, la cause ostensible de notre entrée en guerre se révèle être une ruse. Nous avons été envoyés à la guerre sous de faux prétextes. Qu'une telle chose soit possible illustre la vérité de mon affirmation selon laquelle la Démocratie c'est la Mort - dans cette affaire, la mort de Britannia qui dominait les flots.

Chapitre 2

"Nous luttons pour défendre la liberté"
–Lord Halifax

TOUT le monde s'entend pour dire que, dans une civilisation, il ne peut y avoir de liberté totale. Cela ne peut être obtenu que dans une anarchie, avec des conséquences que peu de gens voudraient endurer. Aussi, nous pouvons considérer que Lord Halifax et d'autres qui disent que nous luttons pour la liberté, parlent de liberté raisonnable dans des conditions civilisées. La liberté est divisible en (1) la liberté nationale, qui est le sujet traité au Chapitre 7, et (2) la liberté personnelle, traité ici.

J'ai peut-être tout autant le droit que n'importe quel homme de dénoncer le mensonge selon lequel nous aurions participé à cette guerre pour défendre la liberté individuelle, puisque, étant activement anti-juif et pour avoir maintenu, comme le député M. Richard Stokes, qu'il était préférable pour tout le monde de clore prématurément la guerre par une paix négociée, plutôt que de la laisser se prolonger, je fus incarcéré à la prison de Brixton trois ans et trois mois (avec un court intervalle de quelques semaines dans un sordide camp de concentration) sans avoir été inculpé ou jugé pour quelque infraction que ce soit, imaginaire ou autre. Je fus emprisonné pour ne pas divulguer à d'autres les résultats d'une enquête minutieuse sur la menace juive. Mais je développerai cela sous peu.

Au cours des dix dernières années, la politique économique du gouvernement de ce pays a été fixée pour eux par une organisation appelée "Planification politique et économique", ou P.P.E. C'est mon journal *The Fascist* qui a le premier (juillet 1933) parlé de l'existence de cette escroquerie juive. Jusque-là, son existence était un secret bien gardé. Israël Moses Sieff[3] et le premier Lord Melchett, deux juifs fortunés, occupaient une place importante dans les activités du P.P.E. Un certain nombre de politiciens non-juifs furent rapidement embrigadés. Le P.P.E. est le pendant du New Deal américain.

Le représentant de Louis T. McFadden, parlant à la Chambre des représentants (U.S.A.), le 3 mai 1934, a cité Lord Melchett qui aurait dit, lorsqu'il fut invité par ses collègues du P.P.E. à montrer plus d'empressement dans l'organisation :

> Allons-y doucement pendant un temps jusqu'à ce que nous voyions comment notre plan se déroule en Amérique.

Il conviendrait de se demander, "le plan de qui ?". La prééminence de l'influence juive dans le New Deal et dans son homologue anglais, le P.P.E., fait apparaître inévitablement la réponse :

Le plan juif de contrôle économique international.

---

[3] L'influence de M. Sieff se fait également sentir aux États-Unis. Le 17 juin 1943, le *New York Times* rapporte : Washington, 16 juin – Un sous-comité de la Chambre des États-Unis et du commerce extérieur a suggéré aujourd'hui qu'Israël Moses Sieff, dirigeant de chaînes de magasins britanniques et vice-président de l'Organisation de planification politique et économique imprégnait peut-être l'OPA avec des théories économiques anti-américaines à son poste à 10 dollars par jour en tant que consultant OPA. M. Sieff, embauché en mars 1942 par l'ancien administrateur Léon Henderson, a nié toute influence sur les politiques et les règlements de l'OPA. Le représentant Lyle H. Boren a lu dans les comptes-rendus du Congrès du 8 juin 1934, les déclarations du P.P.E., dont M. Sieff est vice-président, ancien président et contributeur financier, soutenant que 'le réajustement des États-Unis aux conditions modernes ne sera possible qu'après avoir transformé la Constitution' et que 'même la question du maintien ou de la mise au rebut de la Constitution est subsidiaire à la question principale : quel type de société l'Amérique adoptera.')

La guerre de survie juive – Arnold S. Leese

La politique du P.P.E. n'est rien de moins que la soviétisation furtive de ce pays (la Grande-Bretagne, bien sûr. Le lecteur connaît le parallèle avec le New Deal américain). Toute sa tendance vise la dictature des Trusts et Organisations ; vers l'embrigadement et la normalisation ; et vers l'élimination des petits commerçants et distributeurs. Ceux qui ont souffert des activités du P.P.E. voient en lui un aménagement contre la liberté.

Le P.P.E. a mis en place un certain nombre d'agences de commercialisation, le réseau électrique, le Comité consultatif sur les droits d'importation, le Conseil des transports de voyageurs de Londres, le Conseil de planification de la ville et du pays, le Comité sur le logement national, le Congrès international pour la gestion scientifique, l'Association des propriétaires de commerces de détail multiples fédérés et bien d'autres. Aucune de ces organisations ne se préoccupe de maintenir la liberté individuelle, mais de l'endiguer.

M. Walter Elliot était membre du P.P.E. et ministre de l'agriculture en 1936. D'après le député Arnold Wilson :

> Toutes les mesures qu'il (Elliot) a prises ont pénalisé le petit agriculteur et le petit détaillant qui lui trouve son marché. Il ne prévoit pas d'emploi ou d'augmentation du nombre de ceux qui peuvent devenir leur propre maître... Ce qu'il a fait, c'est d'augmenter la valeur marchande des actions de chaque organisme de distribution qui gère les produits agricoles – la grande agrégation des capitaux appartenant à des actionnaires anonymes et dirigée par des hommes capables et ambitieux qui recherchent le pouvoir pour eux-mêmes.

Des politiques similaires ont été menées dans la plupart des départements de notre vie économique nationale. La politique du gouvernement, influencée par les idées de la politique économique de centralisation, ne s'est pas intéressée à la défense de la liberté individuelle mais à l'augmentation du contrôle juif sur la vie économique.

La politique économique du gouvernement, telle qu'annoncée dans le Livre blanc de mai 1944, indique que les restrictions et le contrôle doivent se poursuivre longtemps après la fin de la guerre. Le but n'est pas de promouvoir la liberté mais de rendre la vie possible sous la poursuite de la pratique de l'usure.

En juin 1944, l'entrée en vigueur forcée d'un projet de loi par la Chambre des communes, contre de fortes protestations, a permis au ministre de l'agriculture de ruiner un éleveur laitier s'il pensait que le fermier était susceptible de transgresser la loi !

Les porte-parole du gouvernement aiment faire des discours et écrire des articles pour transmettre l'idée fausse que la démocratie (le genre représenté par le suffrage universel – le décompte des votes quelle que soit la teneur, s'il y en a plusieurs) est synonyme de liberté. En fait, la démocratie fonctionne comme la dictature du pouvoir de l'argent organisé et c'est une dictature juive.

Le public a été amené à croire qu'il a fait cette guerre pour préserver la liberté. Les Alliés, l'Empire britannique, les États-Unis et la France ne sont-ils pas des démocraties ? Ou alors, la démocratie moderne n'est plus associée à la liberté. La Russie soviétique a mené une grande partie du combat de notre côté et la Chine surfe sur la vague de nos succès. C'est une sombre blague de prétendre que notre allié soviétique est une démocratie et non la dictature d'un bandit contrôlé par le pouvoir de l'argent juif, ou que les dirigeants sont des "gens ordinaires" ! Pas plus la Russie que la Chine n'a la plus petite conception de la démocratie ou de la liberté alors que l'Occident comprend ces termes.

Cette grande alliance des dictatures et des démocraties commence à prendre une forme reconnaissable lorsque tout le charlatanisme à propos de l'association de liberté avec démocratie est simplement écarté. Alors, il devient clair que les puissances alliées sont les puissances juives qui se battent pour les juifs, indifférentes quant à savoir si elles sont elles-mêmes des démocraties ou des tyrannies et ne se soucient pas tout à fait de l'idéal de la liberté individuelle.

Il n'est pas contesté que la liberté doit être restreinte en temps de guerre. Mais il y a cette différence. Dans nos guerres passées, lorsque nous n'étions pas sous le total contrôle juif comme nous le sommes désormais, les individus qui n'étaient pas d'accord avec la supposée droiture de la cause de leur pays étaient autorisés à le dire publiquement, pour autant qu'ils n'interféraient pas avec la guerre elle-même. L'histoire rapporte les cas suivants parmi tant d'autres :

Pitt : qui a écrit et parlé contre notre cause dans la guerre de l'indépendance américaine.

Charles James Fox : qui a fait de même dans les guerres napoléoniennes.

John Bright : qui a fait de même dans la guerre de Crimée.

Lloyd George : qui a fait de même dans la guerre des Boers.

Ramsay MacDonald : qui a fait de même dans la Première Guerre mondiale.

Herbert Morrison : qui a fait de même (je le citerai ailleurs).

Le gouvernement qui nous a envoyés en guerre avec l'Allemagne en 1939 a adopté un code différent. Il savait que sa cause était si pourrie qu'il n'aurait pas pu faire face à des critiques publiques, il a donc employé certains "règlements de défense", notamment celui appelé "règlement 18b", contre ces hommes et ces femmes qui en savaient trop sur les buts réels de notre belligérance et n'avaient pas peur de dire à haute voix ce qu'ils savaient. Ces hommes et ces femmes ont été arrêtés, sans inculpation ni procès de quelque nature que ce soit, jetés en prison ou dans des camps et laissés pourrir là pendant des mois et des années. (Tyler Kent, le greffier du code américain, a été emprisonné pendant cinq ans sous 18b.- Ed.) [4] Peu importait que beaucoup de ces personnes avaient bien servi leur pays dans la dernière guerre. Leur patriotisme et leurs sacrifices passés ne comptaient pour rien. Un membre du parlement, (le capitaine. A. H. M. Ramsay - Ed.) qui avait reçu une balle dans le cœur au cours de la dernière guerre, mais avait miraculeusement survécu, fut emprisonné durant plus de quatre ans. Le sentiment national britannique avait provoqué l'érection de monuments de guerre dans tout

---

[4] *The Case of Tyler Kent*, de John Howland Snow.

le pays pour des hommes qui étaient morts de blessures identiques. Quelle plaisanterie ! Des "monuments" !

Mais tout fut oublié et nous avons été transportés comme des moutons dans une Deuxième Guerre mondiale !

Le pouvoir de l'argent juif, et non le sentiment national, régissait la situation en 1939.

Liberté ? La liberté fut sacrifiée pour préserver le juif - cause de la guerre - de la critique et de la compromission.

Liberté d'expression ? Non.

Mais la liberté de dire ou d'écrire, excepté ce que le gouvernement appelle l'antisémitisme.

J'eus plus de chance que d'autres. J'avais pris des mesures pour éviter les arrestations dès que j'ai su les intentions du gouvernement concernant la liberté des Goyim-avertis. Quand, la nature humaine étant ce qu'elle est, par l'insouciance qui trahit souvent le fugitif accompli, je fus finalement coincé et pris, assez de temps s'était écoulé pour que les détenus "18b" des prisons et des camps se soient assuré des conditions de vie passables, aussi pénibles furent-elles, en particulier dans les prisons. Je n'ai pas eu à supporter les horreurs de la détention crasse et de l'isolement pendant des mois, que d'autres, pas moins patriotiques que moi, ont dû endurer pendant la première partie de leur persécution.

Je ne détournerai pas l'attention du lecteur du problème principal en décrivant les horreurs de l'OGPU démocrate juive en Grande-Bretagne. Mais je dirai ceci : si certains de mes lecteurs ont ce concept persistant selon lequel la démocratie signifie responsabilité, alors ils doivent admettre leur responsabilité dans les vils outrages contre les Britanniques Goyim-avertis mais patriotiques – outrages dont la bestialité et le sadisme n'ont pas encore été autorisés à être de notoriété publique. Les détails sont bel et bien décrits dans *It Might Have Happened to You* [Cela aurait pu vous arriver] publié par Stickland Press, 104 George Street, Glasgow, C.1 – et n'oubliez pas – cela aurait pu vous arriver si, aux yeux du pouvoir juif, vous aviez l'air hostile.

La guerre de survie juive – Arnold S. Leese

Pour cacher leur but, le gouvernement et sa presse servile ont largement répandu l'idée que les personnes internées en vertu du Règlement 18b étaient des traîtres ou des "Quislings" [collabos] qui préféraient voir les Allemands conquérir la Grande-Bretagne parce qu'ils aimaient mieux les Allemands que les Britanniques. La vérité est que ces hommes et ces femmes voulaient seulement qu'il soit mis fin à la guerre (qu'ils savaient être juive) par la négociation et que la menace juive soit vigoureusement attaquée par le peuple britannique lui-même. Ils ne se délectaient pas plus de l'ingérence de l'Allemagne en la matière que de celle de tout autre pays étranger.

Non seulement Magna Carta, Habeas Corpus et la Déclaration des droits ont été abandonnées dans la cause juive, mais tous les tribunaux de justice ont été utilisés pour interdire l'accès même à cette justice qu'ils devaient dispenser aux justiciables [fichés] 18b. Dans la plus haute Cour d'appel, la Chambre des Lords, un juge dissident honnête a comparé des décisions prises et des jugements rendus à ceux entendus par Alice au tribunal de la Reine blanche dans le livre *Through the Looking Glass* [Alice au pays des merveilles]. Pour éviter que les victimes du 18b obtiennent réparation, les juges de la Chambre des Lords ont décidé que les mots "si un homme a" pourraient être interprétés comme signifiant "si un homme *pense qu'il a*" ! Cette conclusion ridicule indique le niveau de détérioration de la "justice britannique". Ce ne fut possible qu'en raison du désir de rendre "légales" les méthodes inconstitutionnelles par lesquelles les patriotes anti-juifs pouvaient être incarcérés et ce, sans avoir commis aucune infraction. Ce n'est pas par hasard que le cas a été porté à la Chambre des Lords par un juif. Donc, si vous êtes accusé d'un meurtre, tout ce que vous devez faire pour établir un alibi, c'est de jurer que vous *pensiez* que vous étiez à Tombouctou au moment du crime qui, selon ces précieux Lords juges d'appel, comptera comme preuve en votre faveur ! Deux, au moins, des quatre Lords juges d'appel qui ont rendu le verdict majoritaire ont des liens familiaux étroits avec des juifs. Combien étaient francs-maçons, je ne sais pas.

Par conséquent, le gouvernement n'a jamais été concerné par quelque notion de liberté que ce soit et le nombre de députés qui ont même pris la peine de faire entendre leur voix pour protester contre [le règlement] "18b" fut lamentablement faible. En fait, beaucoup d'entre eux, sachant parfaitement que leurs compatriotes étaient emprisonnés pour leurs opinions politiques sans inculpation ni procès, écrivaient ou parlaient du "18b" comme si une telle chose n'existait pas. Par exemple, M. A. Alexander, Premier Lord de l'amirauté, a déclaré le 28 mars 1943 : "*Dans les îles britanniques, au Dominion, aux États-Unis, aucun homme n'a besoin d'avoir peur pour sa politique*". À cette époque, le 18b ou une réglementation similaire, était à l'œuvre dans tous les pays nommés par M. Alexander, pour supprimer la seule vérité selon laquelle la Guerre était juive.

Du fait de la guerre, l'Europe centrale orientale a été bolchevisée. Ce que cela signifie est décrit par Kerensky dans le *New Leader*, du 16 octobre 1945 : "*Il semble que la règle générale de la dictature communiste se limite à envoyer aux travaux forcés entre un tiers et un sixième de la population de tout pays dans lequel elle est installée... 200.000 des 'ennemis de classe' ont été expulsés de Lituanie après que le Kremlin ait libéré ce petit pays*". Le roi Pierre de Yougoslavie a déclaré le 8 août 1945 : "*Dans mon pays, la dictature du régime de Tito est partout. Toute trace de loi a été anéantie par l'organisation de l'État*".

Il est donc clair que la liberté n'était pas l'idéal pour lequel les Alliés ont fait cette guerre.

Chapitre 3

"Nous luttons pour la paix"
—Lord Halifax

EH bien, on a déjà entendu celle-là auparavant. La dernière guerre devait être une guerre pour mettre fin aux guerres.

Si nous luttons pour la paix, pourquoi déclarer la guerre ?

La déclaration absurde qui titre ce chapitre est la fumisterie typique de l'homme d'État démocratique typique. C'est sans signification, contradictoire et ne mérite aucun argument.

Chapitre 4

"Nous faisons face à la remise en cause de notre propre sécurité"
–Lord Halifax

ASSOCIÉE à cet argument, se trouve l'idée exprimée dans les mots suivants : *"Nous devions arrêter Hitler !"* une idée plus généralement crue qu'aucune autre des fausses raisons confirmées comme causes de la guerre. La supposée nécessité d'agir pour égaliser l'équilibre du pouvoir en Europe est une autre facette de la théorie de l'autodéfense.

Hitler et son Allemagne devenaient si forts que nous ne pouvions pas nous permettre de les rendre plus forts ; nous devions nous battre pour les arrêter. C'était l'argument. Ceux qui l'ont soutenu comme étant le bon devaient montrer que la Grande-Bretagne était menacée par la nouvelle puissance de l'Allemagne et par l'augmentation de cette puissance qui aboutirait à son attaque écrasante contre la Pologne.

Les "hommes d'État" loquaces ont inconsciemment annihilé cet argument. M. Joseph E. Davies, ambassadeur des États-Unis auprès de l'Union soviétique de 1936 à 1938 et de la Belgique en 1939, est l'un d'eux. Il a le droit d'être considéré comme intelligent car il prévoyait ce que tant de personnes n'ont pas vu : la force potentielle des armées soviétiques. Il a également compris la force militaire des Nationaux-Socialistes. Mais il a totalement vendu la mèche en rapportant au secrétaire d'État par intérim, l'Honorable Sumner Welles, dans une lettre datée du 22 août 1939, dans laquelle il a écrit :

La guerre de survie juive – Arnold S. Leese

> Il était parfaitement évident que si l'Europe devait être en paix, il faudrait une paix fasciste imposée par les dictateurs, à moins que l'Angleterre et la France ne créent un contre-axe Est-Ouest par l'inclusion des Soviétiques, et établissent un équilibre des pouvoirs qui maintiendrait la paix par un équilibre des forces... La paix de l'Europe, si elle est maintenue, est en danger imminent d'être une paix imposée par les dictateurs, sous lesquels tous les petits pays se précipiteront rapidement pour se mettre sous le bouclier de l'égide allemande...

Ici, M. Davies admet, et conseille officiellement son chef, que la PAIX ÉTAIT POSSIBLE. Les conditions de cette paix étaient que l'Europe continentale serait dirigée par l'Allemagne d'Hitler. Il est donc admis que ce qu'on appelle la "menace militaire des Nazis" n'a pas besoin d'entraîner la guerre.

Donc, de toute évidence, lorsque la Grande-Bretagne est allée en guerre "à propos de la Pologne", ce n'est pas parce qu'elle a été menacée, mais parce que le pouvoir derrière le gouvernement voulait à tout prix empêcher l'Allemagne hitlérienne de diriger l'Europe continentale.

Lord Croft, secrétaire parlementaire conjoint du Bureau de guerre, s'exprimant au Club constitutionnel le 28 octobre 1942, a déclaré :

> Nous pouvons affirmer que, dans un monde imparfait, notre foi et nos actions sont moins matérialistes que dans la plupart des pays, car nous seuls sommes entrés dans ce conflit sans être attaqués, nous, de l'Empire britannique, avons tiré l'épée pour que les petites nations aient le droit de vivre.

Il n'est aucunement question ici d'une menace pour la Grande-Bretagne. Lord Croft se réjouit de l'idée que nous sommes allés en guerre "pour sauver les autres" !

Sir Walter Elliot (député) a annoncé à l'Albert Hall, à la fin du mois d'octobre 1942, qu'il "*considérait que les atrocités des Nazis étaient plus que tout autre facteur, la raison d'aller en guerre de la Grande-Bretagne*" (rapporté dans le *Jewish Chronicle* de Londres, le 6 novembre 1942). Ce conseiller privé ne laissait pas entendre que l'Allemagne nous aurait menacés.

Nous devons encore une fois nous référer à Joseph E. Davies concernant la preuve concrète que la Grande-Bretagne n'était pas l'objectif allemand. Il a divulgué le 20 janvier 1943 que les Allemands en 1940 ont proposé de retirer Hitler si, ce faisant, ils pouvaient faire la paix avec la Grande-Bretagne. La condition attachée à cette offre était que l'Allemagne devrait être autorisée à maintenir sa position dominante en Europe. M. Davies a fait cette divulgation lors d'une réunion de la mairie à Los Angeles, selon le *Times* de Londres le 22 janvier 1943.

Il est clair que la Grande-Bretagne n'a jamais été menacée. Par conséquent, en évaluant le degré d'agression dont les différents États belligérants sont coupables, le plus flagrant est certainement celui de la Grande-Bretagne. Elle ne pouvait pas supporter de voir un autre État devenir plus fort !

Et ils nous disent que nous sommes allés en guerre pour prévenir l'agression ! Pas étonnant que les gens aient qualifié cette guerre de "drôle".

Chapitre 5

"Nous défendons les droits de toutes les nations à vivre leur propre vie" et "nous luttons contre la substitution de la force brute à la loi comme arbitre entre nations"

–Lord Halifax

NOS actions et celles de nos Alliés pendant la guerre indiquent qu'aucune nation ne sera autorisée à vivre sa propre vie si cette vie, dans la manière dont la nation concernée veut la vivre, soit (1) met en danger nos intérêts vitaux, soit (2) excite l'avidité de nos alliés américains et soviétiques. En formulant ci-dessus l'exposé de l'affaire telle que je la vois, j'ai salué la Grande-Bretagne pour avoir montré une attitude moins agressive il me semble vis-à-vis des petites nations que les Alliés.

Examinons nos propres actions.

Dès que cela nous a paru souhaitable du point de vue de notre propre sécurité, nous avons repris l'Islande comme mesure temporaire contre la volonté des habitants islandais qui étaient indépendants sous le règne du roi du Danemark. Le peuple islandais ne voulait pas être entraîné dans l'arène de la guerre. Leurs actions envers les troupes occupantes, britanniques et américaines, en témoignent.

On dira que nous sommes allés en Islande pour y arriver avant les Allemands. Cela ne fait aucune différence quant à la fausseté de l'argument selon lequel nous nous battons pour défendre le droit de l'Islande de vivre sa propre vie à sa manière. Les Islandais ne nous voulaient pas et ils l'ont montré dans leur comportement envers les envahisseurs.

Le sénateur Chandler du Kentucky, s'exprimant sur "*un plan d'action nationale qui aurait le soutien de certains éléments aux États-Unis qui ont un grand pouvoir*" (de l'avis du correspondant du *Times*) a préconisé que les États-Unis gardent les bases stratégiques "*si péniblement acquises*" en Islande et dans la Nouvelle-Calédonie française. (*Times* de Londres, 8 octobre 1943.)

Le 25 août 1941, de concert avec la Russie soviétique, la Grande-Bretagne envahit l'Iran (Perse) contre la résistance autochtone qui s'effondre le 9 septembre. Le Shah, en conséquence, est forcé d'abdiquer en l'espace d'une semaine. Dans ce cas, non seulement nous avons permis au bolchevisme d'envahir la Perse, mais nous avons forcé son souverain à quitter son trône car nous ne l'aimions pas. L'idée de laisser les Perses vivre leur propre vie était le cadet de nos soucis. Il y a peu de chance maintenant qu'ils aient une fois de plus la possibilité de vivre une vie autre que bolchevique.

La presse portugaise a été très directe dans la critique sarcastique de tout ce discours sur les droits des petites nations. Les petites nations, semble-t-il, devenaient de plus en plus des satellites dociles et victimes des grandes puissances. Le journal *Seculo* a déclaré que la Charte de l'Atlantique avait été étouffée par Moscou. *Vox* a protesté contre les restrictions économiques qui étaient imposées aux pays neutres au mépris de leurs droits de vendre leurs biens comme ils le souhaitaient (c'est-à-dire, vivre leurs propres vies). Il a critiqué les menaces faites dans la presse américaine contre l'Argentine et a suggéré que la presse de New York présume que la Charte de l'Atlantique était obsolète. Le seul point lumineux, a-t-il dit, est que cette violence contre les petites nations n'était pas soutenue par des bombardements réels !

En septembre 1941, M. Sumner Welles, sous-secrétaire d'État des États-Unis, a révélé que "*la Grande-Bretagne envisageait d'envahir et d'occuper les îles Canaries au risque d'une guerre avec l'Espagne*". On sait aussi que le président Roosevelt a ordonné à l'amiral Stark de préparer une force pour prendre les Açores au Portugal, mais l'ordre a été annulé.

La guerre de survie juive – Arnold S. Leese

L'idée de permettre aux petites nations de "vivre leur propre vie" faisait totalement défaut à M. Duff Cooper, un de nos trois fauteurs de guerre. Dans le *Daily Mail* du 12 avril 1940, il a déclaré :

> Nous ne devons pas poser de questions sur ce que ces petits pouvoirs veulent, ni écouter les explications de ce qu'ils sont prêts à faire. Après leur avoir expliqué que c'est leur liberté et leur indépendance qui sont en jeu, nous devons leur dire franchement ce que nous exigeons, quelle partie chacun doit jouer dans l'alliance qui consiste à détruire la menace allemande. Si l'un ou l'autre d'entre eux montre des signes d'hésitation, nous devons agir de manière à assurer que de telles hésitations seront immédiatement surmontées. *Il est temps que des mesures similaires soient prises en ce qui concerne la Hollande et la Belgique.*

Rappelons-nous que M. Duff Cooper était un conseiller privé! Il ne s'inquiétait pas du fait que les petites nations vivaient leurs propres vies, mais les contraignait à faire ce qu'il voulait qu'elles fassent pour qu'elles puissent émerger démocratiques et juives. Et M. Duff Cooper a récemment été choisi pour être notre ambassadeur à Paris !

Les Alliés ont forcé l'Espagne en 1944 à réduire son commerce de wolfram avec l'Allemagne et à prendre des mesures hostiles aux intérêts allemands. Cela a été fait en coupant l'Espagne de son approvisionnement en pétrole.

Le Portugal a été "invité" à permettre aux Alliés d'utiliser les Açores comme base volante par des mesures similaires.

Le comte de Selbourne, ministre de la Guerre économique, à la Chambre des Lords, le 3 mai 1944, a ainsi exprimé la vision déformée de son gouvernement sur la neutralité :

> Une lourde responsabilité pesait sur tous les gouvernements neutres, qui estimaient l'indépendance et la liberté, de considérer qu'aucun de leurs actes ne devraient aider ces forces du mal dont le triomphe anéantirait la liberté du monde.

Cette affirmation, bien sûr, suppose que tous les [pays] neutres pensent la même chose à propos de l'Allemagne (et de la Russie !) que Lord Selbourne. Mais il se trouve que l'Espagne, le Portugal et l'Argentine ont adopté un point de vue opposé à celui de Lord Selbourne. Ils préfèrent l'Allemagne au pouvoir de l'argent juif. Quand on se souvient de la façon dont la Perse a été traitée par les Alliés, le discours de Lord Selbourne semble assez écœurant.

L'Irlande en a également fait les frais. Traitée avec une indulgence extraordinaire et suicidaire bien avant la guerre quand le jeu consistait à affaiblir la Grande-Bretagne en la privant des bases navales sur la côte ouest, elle a dû être surprise de recevoir la demande des États-Unis de se débarrasser des représentants de l'Allemagne que l'Irlande, en tant que [pays] neutre, autorisait à travailler à Dublin. Certes, cette exigence était une ingérence d'une ampleur considérable dans le "vivre sa propre vie" de l'Irlande, voyant que cela l'aurait, si elle n'avait pas refusé, fait passer de neutre à ennemie de l'Allemagne.

Les États-Unis, par une déclaration formelle du président Roosevelt[5], avaient également condamné la suppression des journaux juifs en Argentine. C'est un autre exemple de pression d'intimidation sur un État neutre.

Et que dire de notre alliée, la Russie soviétique ?

Quand ses intérêts étaient en jeu, elle a envahi la Pologne et a gardé sa moitié orientale aussi longtemps qu'elle l'a pu jusqu'à ce que les Allemands l'en évacuent. Ensuite, lorsque la Russie, à son tour, a poussé les Allemands hors de la Pologne, elle a permis à ses porte-parole d'annoncer qu'elle considérait le territoire qu'elle prenait en septembre 1939 comme le sien ! Le 3 août 1939, la Russie "a incorporé la Lituanie dans l'Union soviétique". Deux jours plus tard, la Lettonie et le lendemain l'Estonie. Tout cela avant que nous ne l'adoptions comme notre "glorieuse alliée". Ainsi, nous savions parfaitement que cet allié était tout à fait indifférent au droit supposé des nations faibles de "vivre leur propre vie". Les trois États ont été autorisés à disparaître dans un murmure.

---

[5] *The Washington, DC, Star* a publié, le 29 février 1936, une généalogie de la famille du président Roosevelt préparée par l'Institut Carnegie de Washington, la descendance juive des premiers Roosevelt qui ont émigré de la Hollande en Amérique y est indiquée. Roosevelt avait une pointe de sang juif en lui, car le premier Roosevelt qui est venu à New Amsterdam en 1649 a épousé une Mlle Jeannette Samuel. (Écrit du Rabbin Louis G. Reynolds dans la voix juive de Californie, 20 avril 1945.)

La guerre de survie juive – Arnold S. Leese

Lorsque la Russie a réoccupé la Lituanie, la Lettonie et l'Estonie plus tard dans la guerre, ses alliés, qui sont censés être en guerre pour préserver l'indépendance et les libertés des petites nations, ont maintenu un silence sinistre.

Ils ont montré la plus totale indifférence sur le sort qu'ils ont subi !

Le 30 novembre 1939, la Russie soviétique avait attaqué la Finlande. En 1941, les Soviétiques sont devenus nos alliés, mais pas dans le but de "défendre les droits des petites nations à vivre leur propre vie".

Quelqu'un, à l'exception d'un archevêque, peut-il vraiment croire qu'il y a eu un brusque changement de cœur en Russie qui l'amènera à tolérer l'existence indépendante de ses faibles voisins ? Si c'est le cas, qu'il lise ce que l'héritier de ce grand vieux nom russe Yerusalemsky a écrit dans le *Red Star*, début 1944. Le professeur Yerusalemsky, se référant à une proposition qui avait été exprimée selon laquelle les plus petites puissances devraient se réunir pour protéger leurs propres intérêts a déclaré :

> Comment peut-on imaginer que la Tchécoslovaquie, victime de la Hongrie et que la Yougoslavie, victime de la Bulgarie, puissent se rencontrer à cet effet ? Seules les grandes puissances démocratiques, la guerre l'a montré, peuvent former un bastion contre l'agression, et elles seulement peuvent assurer la paix.

Incontestablement, ce professeur juif parle du régime soviétique influencé par les juifs.

Un discours de Molotov lors de la sixième session du Soviet suprême de l'URSS, le 29 mars 1940, alors qu'il était président du Conseil des commissaires des peuples pour les affaires étrangères, montre de manière concluante que ce responsable ne croyait pas à l'exposé britannique sur les "droits des petites nations". Il a déclaré :

> L'Allemagne est devenue un concurrent dangereux pour les principales puissances impérialistes d'Europe, de la Grande-Bretagne et de la France. Elles ont donc déclaré la guerre à l'Allemagne sous prétexte de s'acquitter de leurs obligations envers la Pologne. Aujourd'hui, il ressort plus clairement que jamais à quel point les véritables objectifs de ces puissances gouvernementales sont éloignés de la défense des

désintégrées Pologne ou Tchécoslovaquie. Cela s'explique par le fait que les gouvernements de la Grande-Bretagne et de la France ont proclamé que leur but dans cette guerre était de briser et de démembrer l'Allemagne, bien que cela soit encore dissimulé à la multitude sous couvert de slogans de défense des pays 'démocratiques' et des 'droits des petites nations'. (*Nouvelles de Moscou*, 1er avril 1940).

On sait en outre que les traités de paix à imposer aux ennemis vaincus doivent contenir une clause empêchant la discrimination et les restrictions pour des motifs raciaux, interférant avec toute possibilité que ces nations "vivent leurs propres vies" (confirmé ultérieurement -Ed.).

Pendant ce temps, les États-Unis continueront à vivre leur propre vie et à discriminer, et à juste titre, le Noir en son sein.

Enfin, la Conférence de San Francisco a décidé qu'après tout la force prime sur le droit - les grandes puissances auraient le dernier mot dans les différends internationaux.

Voilà pour l'idée de "remplacer la loi par la force brute".

Ce que la Conférence de San Francisco a fait était de légaliser la force brute.

Chapitre 6

"Nous luttons contre la violation de la sainteté des traités et le mépris de la parole donnée"
 –Lord Halifax

CETTE "cause de la guerre" n'est pas du tout une cause. Elle suppose que l'Allemagne est le seul pays dont les dirigeants ont suspendu les Traités. Elle laisse de côté les nombreux changements de circonstances dans la politique internationale qui empêchent toujours d'agir selon le traité lorsque les conditions dans lesquelles celui-ci a été conclu ont complètement changé.

En aucun cas, l'effondrement des traités impliquant l'Allemagne et la Grande-Bretagne n'a été d'une importance vitale pour les intérêts de cette dernière.

La Grande-Bretagne n'a jamais été élue pour être le policier international du monde. Mais elle a été enrôlée comme agent spécial par le pouvoir de l'argent juif pour "arrêter Hitler".

Il faut se rappeler que l'Allemagne a toujours jugé que le Traité de Versailles avait été rompu par les puissances alliées. L'Allemagne a été désarmée afin d'établir une assise pour le désarmement général. Mais aucun autre certificat de désarmement n'a été adopté par les autres puissances qui ont signé le Traité. Sur cela, Hitler a fondé une grande partie de sa politique étrangère. L'Allemagne, sans défense et encerclée par des voisins puissamment armés. Quel gouvernement resterait apathique face à une telle situation provocatrice et pourrait se justifier devant son peuple ?

Révélations d'un Goy-averti

En ce qui concerne le respect des termes de traités, de tous les pays du monde, c'est la Grande-Bretagne qui détient le meilleur palmarès ; mais le fait qu'elle se soit volontiers alliée avec la Russie prouve qu'il ne s'agit pas de la "Rupture des traités" qui selon elle justifiait la guerre. La Russie n'a-t-elle pas été expulsée de la Ligue des Nations pour avoir violé ses obligations en vertu de l'Alliance par une attaque traîtresse et non provoquée contre la Finlande en 1939 ? Le *Times* de Londres – Bilan de l'année 1940 ne déclare-t-il pas que la Russie a essayé de subordonner la Finlande "avec un mépris sauvage pour les règles de la guerre" ?

En ce qui concerne la parole donnée, en dehors des traités, moins les Alliés prêchent cela, mieux c'est. En 1915, Sir Henry MacMahon, le Haut-commissaire pour l'Égypte (qui était un maçon de 33ème degré du Rite écossais international), a promis au nom de la Grande-Bretagne que, en échange de l'assistance arabe envers les Alliés, la Grande-Bretagne reconnaîtrait et soutiendrait l'indépendance des Arabes dans les territoires qui comprenaient la Palestine. Deux ans plus tard, nos politiciens ont échangé la Palestine avec les juifs comme seul moyen possible de faire entrer les États-Unis dans la Première Guerre mondiale contre l'Allemagne. (Voir p. 80). Il serait difficile de trouver un pire cas de trahison et de rupture de parole donnée que cela. Sans doute parce qu'il a été perpétré pour le bien-être des juifs, cela passe relativement inaperçu. Mais la "trahison et l'agression" d'Hitler – ça a fait les gros titres de la presse servile dans le monde entier.

En septembre 1938, durant sa mission de paix et avant de quitter Munich, Neville Chamberlain a signé avec Hitler une déclaration visant à faire en sorte que leurs deux pays cherchent des moyens pacifiques de règlement de toute divergence future qui surviendrait entre eux. Toutefois, en moins d'un an, le gouvernement britannique concluait son accord avec la Pologne qui deviendrait officiellement le pays à l'origine de la guerre entre la Grande-Bretagne et l'Allemagne.

Notre déclaration de guerre contre l'Allemagne n'est pas une réaction d'indignation vertueuse contre la "trahison" ou "la violation de la sainteté des traités et le mépris de la parole donnée". Nous sommes entrés en guerre avec l'Allemagne sans pour autant avoir nous-mêmes les mains propres. Plus tard, nous avons accepté comme Alliés les briseurs de traités, contents qu'ils nous sortent du pétrin dans lequel nous avions permis à nos politiciens de nous plonger. Nous avons fini par déchirer notre traité avec la Pologne et l'avons abandonné aux Bolcheviques.

Chapitre 7

"Nous luttons aujourd'hui pour la préservation des principes chrétiens"

Éditorial, le *Times* de Londres, 17 février 1940

COMME l'ont dit beaucoup d'hommes publics des nations alliées.

Le mensonge est assez évident. La Chine n'est pas chrétienne et ne veut pas l'être. Le professeur Chau, qui a occupé le poste, en Australie, de directeur de l'information pour le ministère chinois, nous l'a rappelé en 1944. Les rapports de presse indiquent qu'il a clairement signifié qu'il se méfiait de l'Ouest qui, dit-il, est venu à l'Est "avec un pistolet dans une main et une Bible dans l'autre".

Des millions de Mahométans participent aux résultats de cette guerre et des milliers d'entre eux s'y battent. Certains Hindous y sont aussi. Toutes ces personnes n'ont que faire des "principes chrétiens".

Mais encore une fois, c'est notre Alliée, la Russie soviétique qui nous offre la manière la plus simple de dénoncer ce mensonge impudent. Non seulement la Russie soviétique n'est pas chrétienne, mais elle y est si hostile qu'un département gouvernemental spécial a été conservé, composé majoritairement de juifs, pour la propagande anti-théiste. En 1930, l'Église d'Angleterre a officiellement dénoncé la persécution des chrétiens en Russie. L'archevêque de Canterbury (Dr. Lang) a déclaré :

> '...c'était presque sans précédent dans l'histoire pitoyable de la persécution religieuse' et que 'la persécution était accompagnée de blasphèmes populaires et d'obscénités'.

Dernièrement, les bonnes consciences des prêtres et autres furent satisfaites par une autre déclaration du même archevêque. Il a commodément découvert que :

> '...Le gouvernement soviétique a abandonné certaines des erreurs de son précédent régime' et 'les critiques du passé étaient maintenant sans rapport avec les enjeux' et que 'certaines caractéristiques du communisme russe étaient compatibles avec l'esprit chrétien.' (Chambre des Lords, 23 octobre 1941.)

Compte tenu de ce qui précède, il faut rappeler que le *Jewish Chronicle* de Londres a annoncé que (4 avril 1919) :

> ...il y a beaucoup dans le fait du bolchevisme lui-même, dans le fait que tant de juifs sont des Bolcheviques, dans le fait que les idéaux du bolchevisme sont en de nombreux points conformes aux plus beaux idéaux du judaïsme.

On ne répétera pas assez souvent qu'en Russie il n'y a pas de communisme et il n'y en a jamais eu. Ils ont un capitalisme d'État dirigé par des juifs. Le communisme est l'idée par laquelle les masses ignorantes sont amenées à accepter le bolchevisme. Le communisme reste une idée, mais il n'est jamais pratiqué.

Le présent archevêque d'York (Dr. Garbett) a visité la Russie en 1943 - sa tournée comprenait une seule ville. Il est revenu pour rapporter ce qu'il a déclaré. Il n'est pas nécessaire de le souligner. Il s'est aligné juste comme il l'a fait dans le cas des bombardements de civils durant la guerre. Mais je doute que l'un des membres du clergé l'ait cru.

Est-ce que le pape a fait mieux ?

Selon le correspondant du *Times* de Londres à Lisbonne, le 22 avril 1943 :

> Il est connu pour avoir communiqué verbalement à l'épiscopat dans le monde entier que, bien que les doctrines nazies soient totalement hostiles

au christianisme, que le mal communiste[6] pourrait être considéré en quelque sorte comme une corruption d'une partie de l'éthique chrétienne.

Y a-t-il quelque chose de plus pitoyable que cela ?

Aucun des prêtres n'a dit la vérité sur le fait que le bolchevisme est juif, d'où leurs "blasphèmes et obscénités". Il serait intéressant de savoir quelle influence la franc-maçonnerie a eu dans ces changements de cœur commodes dans les hautes sphères religieuses.

La dernière chose dont se souciaient les gens qui faisaient la guerre c'est le christianisme. Mais comme une arme de propagande, ils ont répandu l'histoire que le christianisme était persécuté en Allemagne. Cependant, l'évêque de Gloucester a visité l'Allemagne en 1938 et dans une lettre de demi-colonne dans le *Times* de Londres, le 14 juillet de cette année, il a révélé le mensonge de cette propagande. Il a déclaré :

> Les pasteurs allemands de différentes écoles de pensée sont (dans la mesure où il pouvait juger - Ed.) libres de poursuivre leur travail, à condition qu'ils n'utilisent pas leurs chaires pour des raisons politiques. Le pasteur Neimoller est en détention parce qu'il a obstinément et résolument défié cette loi.

Plusieurs fois pendant la guerre, les chrétiens ont été effrayés d'entendre dire que des choses se passaient qui ne semblent pas correspondre à la conduite chrétienne ; tenant compte de tous les excès susceptibles de se produire dans toute guerre à la suite d'une excitation et d'une perte temporaire de maîtrise de soi. Un exemple était le bombardement des villes.

C'est un Hitler "non chrétien" qui a proposé le 31 mars 1936 que les bombes incendiaires devraient être interdites et qu'aucune bombe quelle qu'elle soit ne devrait être larguée sur des villes ouvertes hors de portée de l'artillerie moyenne ou lourde. Mais ce sont les "puissances chrétiennes" qui ont rejeté la proposition.[7]

---

[6] Le Vatican considère la propagation du communisme en Europe, conséquence de la victoire de la Russie, moins dangereuse que le nazisme. - Camille Cianfarra, *New York Times Magazine*, 4 octobre 1942.
[7] Voir Annexe 2, page 115.

La guerre de survie juive – Arnold S. Leese

Une autre était la découverte d'un pamphlet sur *Guerilla Warfare* publié par les membres de l'état-major du bureau (britannique) de guerre (n° 1. Osterly Park), dans lequel le texte recommandait l'interrogation des prisonniers pour les inciter à donner des informations avant de les tuer.

Edgar L. Jones, un Américain, qui a servi pendant plus d'un an avec la Huitième armée britannique en Afrique du Nord, et a servi de correspondant pour l'*Atlantic Monthly* (Boston, Mass., USA) dans l'Ouest de l'océan pacifique, écrit son impression de la guerre dans le numéro du mois de février 1946, de l'*Atlantic Monthly* :

> Nous, les Américains, avons la fâcheuse tendance dans notre pensée internationale d'adopter une attitude plus sainte que les autres nations. Nous nous considérons comme plus nobles et décents que les autres peuples et par conséquent en meilleure position pour décider de ce qui est juste et faux dans le monde. Quelle sorte de guerre les civils pensent-ils que nous avons faite ? Nous avons tiré de sang froid sur des prisonniers, détruit des hôpitaux, mitraillé des embarcations de sauvetage, tué ou maltraité des civils ennemis, achevé les ennemis blessés, jeté les mourants dans un trou avec les morts, et dans le Pacifique fait bouillir la chair des crânes ennemis pour faire des ornements de table pour les amoureux ou sculpté leurs os pour en faire des ouvre-lettres. La cerise sur le gâteau après avoir brûlé vif des civils ennemis par des bombardements de terreurs fut de lancer des bombes atomiques sur deux villes presque sans défense, établissant ainsi un record historique de tous les temps dans le massacre de masse instantané.
>
> En tant que vainqueurs, nous avons le privilège de juger nos adversaires vaincus pour leurs crimes contre l'humanité, mais nous devrions être assez réalistes pour apprécier que si nous étions en procès pour avoir violé les lois internationales, nous devrions être reconnus coupables sur une douzaine de chefs d'inculpation. Nous avons fait une guerre déshonorable, parce que la morale avait une faible priorité dans la bataille...
>
> Ce ne sont pas tous les soldats américains, même pas un pour cent de nos troupes, qui ont délibérément commis des atrocités injustifiées et on pourrait en dire autant pour les Allemands et les Japonais. Les exigences de la guerre ont donné lieu à beaucoup de crimes, et la majeure partie du

Révélations d'un Goy-averti

reste pouvait être blâmée sur la distorsion mentale que produisait la guerre. Mais nous avons médiatisé tous les actes inhumains de nos adversaires et censuré toute reconnaissance de notre propre fragilité morale dans des moments de désespoir.

J'ai demandé aux combattants, par exemple, pourquoi ils - ou en fait, pourquoi *nous* - réglaient les lance-flammes de telle sorte que les soldats ennemis prenaient feu, mourraient lentement et douloureusement, plutôt que d'être tués net avec une pleine décharge de pétrole brûlant. Est-ce parce qu'ils détestaient tant l'ennemi ? La réponse était invariablement : 'Non, nous ne détestons pas particulièrement ces pauvres salopards, nous détestons tellement tout ce putain de bordel et nous devons nous défouler sur quelqu'un'. Peut-être pour la même raison, nous avons mutilé les corps d'ennemis morts, leur coupant les oreilles et arrachant leurs dents en or en souvenirs, et les avons enterrés avec leurs testicules dans la bouche, mais de telles flagrantes violations de tous les codes moraux atteignent des domaines encore inexplorés de la psychologie de la bataille. (Une guerre suffit.)

Edgar Jones n'est pas seul à raconter comment cette guerre "pour la préservation des principes chrétiens" a été menée. Frank Coniff, du *New York Journal-American*, dans sa colonne, East Side, West Side, à propos d'une conversation avec Holbrook Bradley, un autre correspondant qui "s'est fait la malle" dans un char, écrit :

[Il] m'a dit que c'était une coutume commune de résoudre le problème des prisonniers par les moyens les plus directs.

Les pilotes de chars, enveloppés dans leurs chevaux d'acier, ne pouvaient pas ramener les prisonniers de guerre dans les cages arrière. Ils devaient en faire quelque chose. Et c'est ce qu'ils ont fait.

Ils les ont mitraillés à mort et ne se sont pas excusés pour cela.

Les anciens combattants qui connaissent la réalité de la situation savent que je ne fais qu'effleurer la surface. Les rumeurs allaient toujours bon train à propos des liquidations massives de prisonniers de guerre allemands, en particulier par nos chars. (23 mai 1946.)

La guerre de survie juive – Arnold S. Leese

Puis il y a le message du général américain Mark Clark à la cinquième armée le 12 février 1944 dans lequel il a dit qu'il appréciait les assauts ennemis :

> ...car cela vous donne des occasions supplémentaires de tuer en grand nombre votre maudit ennemi. La saison de chasse est ouverte sur la tête de pont d'Anzio [Bataille d'Anzio en Italie] et il n'y a pas de limite au nombre d'Allemands que l'on peut tuer.

C'est avec un profond dégoût que les officiers et les soldats britanniques et américains ont reçu ce discours sur "l'ennemi détesté".

Dr Alington, évêque de Durham, dans son livre *The Last Crusade*, se demande :

> 'Quelles sont, pour un chrétien, les conditions d'une guerre juste?' et donne la réponse suivante :
>
> 'Une dans laquelle la haine est autant que possible bannie'.

De la presse britannique, ce sont les journaux du *Sunday* qui étaient les principaux propagandistes de la haine. Peut-être que mes lecteurs se souviendront de l'article du *Sunday Chronicle* du 12 octobre 1941 de W.J. Brittain : "Si les Huns venaient en Grande-Bretagne" ou l'article du *Sunday Express* du 29 août 1943 intitulé "C'est votre bon et gentil Allemand". Il était si plein de haine que l'auteur est resté anonyme.

En fait, cette guerre a fait plus de mal au christianisme que tout ce que ses ennemis virulents auraient pu ourdir contre lui. Les gens n'oublieront pas les bombardements et autres horreurs (y compris 18b) et l'attitude des hauts dignitaires des Églises envers eux. Ils n'oublieront pas non plus les grenades de phosphore utilisées par les troupes américaines et les lance-flammes. On peut supposer que les chrétiens les ont autorisés.

Les phrases suivantes sont citées dans le magazine américain *Life* :

> La pluie de particules brûlantes en fusion vaporisée par une grenade de phosphore grille ses victimes agonisantes. Utilisée contre les blockhaus, la flamme ne brûle pas seulement les occupants mais les étouffe aussi. (19 juin 1944.)

Pas un mot des archevêques à ce sujet !

Révélations d'un Goy-averti

Ce n'est pas le christianisme pour lequel nous nous sommes battus, mais pour le judaïsme et la vengeance juive.

Chapitre 8

"Nous luttons comme nos pères ont lutté pour défendre la doctrine selon laquelle aux yeux de Dieu, tous les hommes sont égaux"

Franklin D. Roosevelt, 6 janvier 1942

CES mots ont été prononcés par le Président des États-Unis dans un message au Congrès. Il a ajouté :

...Nous devons être particulièrement vigilants contre la discrimination raciale sous toutes ses formes.

Si tous les hommes sont égaux aux yeux de Dieu, il semble qu'il serait peu utile pour l'homme ici-bas de se battre à ce sujet. Toute décision en la matière se règlerait certainement au-dessus de sa tête.

Mais tous les hommes ne pensent pas, comme le voudrait le président Roosevelt, que Dieu considère les hommes ainsi. Quiconque possédant les sens que Dieu lui a fournis, la vue, l'odorat, l'ouïe, le toucher et le goût, l'homme ordinaire ne croit certainement pas que tous les hommes sont égaux. Les compatriotes du président Roosevelt ne le font pas car eux discriminent les Noirs qui vivent parmi eux.

En juin 1944, dans l'Ohio, une grève de 12.000 hommes dans la fabrication d'avions eut lieu parce que sept nègres avaient été employés pour des travaux généralement réalisés par des hommes blancs. Les États du Sud interdisent les mariages entre les Blancs et les Noirs et imposent la ségrégation dans les transports.

Révélations d'un Goy-averti

Nous, les Britanniques, et à mon avis à juste titre, pratiquons la discrimination entre nous et la population colorée de l'Empire. Dans l'Afrique du Sud-Ouest, une proclamation, n° 19 du 18 juillet 1934, rend les rapports sexuels extra-conjugaux entre Européens et Africains punissables de cinq ans de travaux forcés ou d'expulsion du pays. Le colonel D. Reitz, Haut-commissaire pour l'Union de l'Afrique du Sud, a parlé au London Guildhall le 13 mars 1944 en insistant sur l'inégalité effective du Blanc et du Noir dans son pays. Avant que l'homme blanc ne vienne en Afrique du Sud, il a déclaré qu'elle était inhabitée, hormis quelques Hottentots et Bushmen errants. Les villes, les ports, les chemins de fer, les routes et les ponts et la civilisation d'Afrique du Sud étaient la création de l'homme blanc. Tous les Européens conviendront, a-t-il dit, que de conférer des droits civils complexes à un peuple qui, pour l'instant, était incapable de les exercer, serait un désastre. (Le colonel Reitz était trop près de son sujet pour pouvoir observer que le désastre est arrivé en Angleterre pour cette même raison !)

Les juifs eux-mêmes ne croient pas en l'égalité des êtres humains, pas plus qu'ils ne croient au communisme. Les deux sont des idées qu'ils ont utilisées avec succès dans la dégradation de la civilisation de l'homme blanc. Les juifs ont un certain nombre de mots peu flatteurs exprimant l'infériorité des Gentils parmi lesquels ils vivent. Un de ces mots est Goyim, c'est-à-dire, bétail. Ce mot est réellement utilisé, nous pouvons citer pour exemple le *Jewish Post*, du 7 décembre 1945, de la colonne - *The Yiddish Press* du rabbin Benjamin Schultz :

> Il est temps, commente le DAY'S S. Nigor, d'arrêter de payer les frais des Goyim de Washington, parce qu'ils expriment leur sympathie avec les juifs. Ils viennent et lisent des discours lors des banquets, ces grands pontes. 'Lire' - parce que nous avons écrit les discours pour eux. Mais pourquoi perdre plus de temps et d'argent ? Maintenant, nous voulons de l'action. Cela ne coûte pas cher.

Il n'y a pas plus grande absurdité et plus grand tort envers l'humanité en général que d'insister pour que tous les hommes soient égaux. L'idée est particulièrement favorisée par les personnes ayant un complexe d'infériorité. Cela peut être attribuable à l'actuelle infériorité raciale. Cela joue un double rôle ; d'abord, inciter les gens à tolérer des doctrines dangereuses pour leur société ; et deuxièmement, pour permettre à leur société d'être dominée par ces doctrines.

Dans une discussion, dans *Marxisme et Judaïsme* [Les origines secrètes du bolchevisme] de Salluste, l'origine juive de la doctrine de l'égalité est exposée en détail dans une longue citation de *L'Antisémitisme : son histoire et ses causes* (Léon Chailley, Paris, 1894), par Bernard Lazare, grand érudit israélite de haute probité morale :

> ...Les juifs croyaient non seulement que la Justice, la Liberté et l'Égalité pouvaient devenir souverains sur cette terre, mais ils se considéraient (comme) choisis surtout pour travailler pour une telle souveraineté. Tous les désirs, tous les espoirs auxquels ces idées ont donné naissance, ont fini par se cristalliser autour d'une idée centrale : celle des temps des Messies, de la venue du Messie.

L'idée du peuple élu, un peuple spécialement choisi par Dieu, donne aux juifs un intérêt plus fort que tout autre peuple à établir la tolérance raciale dans une société chrétienne tout en conservant leur propre exclusivité raciale.

Thomas Jefferson dans sa déclaration d'indépendance a écrit :

> Nous considérons que ces vérités sont évidentes, que tous les hommes sont créés égaux...

[C'est] sur cette base précaire, que les États-Unis d'Amérique ont émergé avec l'esclavage noir en plein essor dans le Sud.

Peut-être que le sujet peut être évacué en citant longuement les pensées d'un grand théologien anglais sur les sujets de Race et d'Inégalité. Dr. [Thomas] Arnold [de] Rugby a écrit ce qui suit le 22 mars 1835 à l'archevêque de Dublin :

> En ce qui concerne les races qui ont été trouvées dans un état sauvage, si l'on admet que tout le genre humain est à l'origine une [seule et même] race, alors je devrais dire qu'ils ont dû dégénérer, mais si la question physiologique n'est pas encore réglée, et qu'il y a lieu de supposer que l'aborigène et le Grec n'ont jamais eu un ancêtre commun, alors vous auriez des races d'hommes divisées en celles améliorables par elles-mêmes, et celles qui sont améliorables par d'autres.

Révélations d'un Goy-averti

Dans une lettre adressée à W.W. Hull, datée du 27 avril 1836, le Dr Arnold a écrit :

> Les juifs sont étrangers en Angleterre et n'ont pas plus de prétention à y légiférer qu'un locataire n'a à partager avec le propriétaire la gestion de sa maison. Si nous les avions amenés ici par la violence pour ensuite les tenir dans un état inférieur, ils auraient eu un bon motif pour se plaindre, même si je pense que nous pourrions... les déplacer dans un pays où ils pourraient vivre eux-mêmes indépendamment ; car l'Angleterre est une terre d'Anglais, pas de juifs. (p. 402.)

Ces mots sages, écrits avant les travaux de Darwin, méritent d'être mieux connus. Ils ont été retirés du livre de Dean Stanley *Life of [Dr.] Arnold*.

James Théophile Meek, l'archéologue réputé, a quelque chose à dire sur l'origine des juifs qui peut expliquer leur sentiment d'infériorité :

> ...Où qu'il soit utilisé, 'Habiru' est un terme de reproche, et il en est de même de son équivalent en hébreu, ibri qui est une appellation dégradante et dérogatoire, une marque d'infériorité, désignant un étranger, un barbare, un Bédouin, un nom railleur envers ceux qui le portaient. (Origines hébraïques, p. 9)[8]

Même le *Times* de Londres du 3 juillet 1943 a été influencé par l'absurdité de la situation et d'imprimer :

> Franchement reconnaître cette loi divine des inégalités semble particulièrement important de nos jours.

Oui, mais un peu tard si, comme le dit Roosevelt, nous sommes dans une guerre mondiale pour défendre tout le contraire !

Dans son article, *Marxism and Judaism*, [Les origines secrètes du bolchevisme] Salluste fait une analyse magistrale du culte de l'égalité en commençant par Moïse Mendelssohn, passant par Léopold Zunz, Heinrich Heine jusqu'à Karl Marx, tous partisans de ce qu'il a qualifié de néo-messianisme. Le chemin passe par le libéralisme, le socialisme, la négation de l'État chrétien, au bolchevisme athée inspiré par les

---

[8] *American Journal of Semitic Languages*, XLIX, p. 298.

intellectuels juifs néo-messianiques, à la guerre civile et, nous pouvons ajouter, mène finalement à la Guerre mondiale.

Chapitre 9

"Nous luttons pour la démocratie"
Un slogan commun

JE demande à mes lecteurs de considérer cette proposition, que nous luttons pour la démocratie, sur ses propres mérites, hormis les questions d'agression, etc.

La démocratie qui a été établie dans les services de l'Empire britannique, en France, en Belgique et aux États-Unis, est celle représentée par le décompte des votes. La majorité est alors en mesure de mettre ce qu'on appelle ses "représentants" au pouvoir. Ceci est censé aboutir à un gouvernement du peuple, par le peuple et pour le peuple. Mais il n'en est rien. Les gens perdent tout contrôle de leurs "représentants" dès que ceux-ci entrent en fonction, ensuite ils font ce qu'ils veulent avec le peuple. Ils peuvent l'envoyer à la guerre et à la mort, ils peuvent l'allier aux Bolcheviques, ils peuvent offrir (comme Churchill l'a fait, comme une vieille femme hystérique) la citoyenneté commune avec des nations de tempérament et de perspectives complètement différentes. Ils peuvent les emprisonner pendant des années sans inculpation ni procès, comme ils me l'ont fait et auraient pu vous le faire. S'il reste au lecteur un vestige de l'idée que la Démocratie signifie la responsabilité du peuple pour les actes de l'Exécutif, peut-être qu'il m'enverra un chèque pour sa part dans la responsabilité de cet outrage écœurant.

Non, la démocratie est une fraude !

Par le biais de la démocratie, cependant, les gens peuvent, pour la plupart, être enseignés à croire ce qu'on leur dit. Lorsque les gens lisent leurs journaux et leurs magazines, écoutent leur radio, sont bouche bée dans leurs cinémas, absorbent les discours de leurs politiciens, croyant tout le temps qu'ils sont tous de bonne foi et britanniques, alors qu'ils sont influencés par des idées étrangères, en grande partie maçonniques et juives. Les gens constamment exposés à ces influences ne penseront pas comme des Britanniques, mais comme des juifs, chose qu'ils font maintenant, pour la plupart. Karl Marx, en grand logicien juif et penseur pénétrant qu'il était, a écrit dans ce qu'on appelle "Réquisitoire à la Drumont" :

> ...et l'esprit pratique juif est devenu l'esprit pratique des peuples chrétiens. Les juifs se sont émancipés dans la mesure même où les chrétiens sont devenus juifs. (1844.)

S'il reste encore une pensée indépendante chez les peuples, il y a des drogues, en particulier les spiritueux et le tabac, pour les bercer dans la complaisance des bovins et enfin les doctrines de la franc-maçonnerie pour les tenir de façon plus sûre.

C'est pourquoi ces influences étrangères sont tellement désireuses de faire croire aux gens que démocratie signifie liberté. Dotées du vote universel, ou de quelque chose de similaire, ces influences étrangères peuvent contrôler toutes les machines qui fabriquent ce que nous appelons "l'opinion publique". Ce contrôle dépend en fin de compte de l'utilisation d'une puissance monétaire écrasante. Karl Marx écrit dans la première partie du paragraphe cité ci-dessus :

> Le juif s'est émancipé d'une manière juive, non seulement en se rendant maître du marché financier, mais parce que, grâce à lui et par lui, l'or est devenu une puissance mondiale (...)

Ce n'est pas que ces influences contrôlent le conservatisme, ou qu'ils contrôlent le libéralisme ou le "travail", ni même qu'ils contrôlent le communisme, mais grâce aux effets de suffrage universel, ils peuvent obtenir le contrôle du lot entier. Ils moulent alors la structure de tous ces partis politiques pour accomplir leurs objectifs.

Rabbi I. I. Mattuck le comprend clairement. Il a écrit dans le *Jewish Chronicle* de Londres, du 14 avril 1944 :

Révélations d'un Goy-averti

> Le sort des juifs est lié à la démocratie... Il existe un conflit irréconciliable entre l'antisémitisme et la démocratie... L'antisémitisme doit être détruit si la démocratie doit prévaloir...

Si cela signifie quoi que ce soit, cela signifie que le système de suffrage universel connu sous le nom de démocratie doit être sécurisé pour que le juif conserve son poste actuel. Mais les juifs, aussi, expriment des opinions selon lesquelles ils croient en l'idée de gouvernement par une élite, tant qu'ils sont l'élite. Dans le Sermon de la semaine dans le *Jewish Chronicle* de Londres, du 1er janvier 1943, ils montrent qu'ils savent, ainsi que tout un chacun, que :

> Tous les grands mouvements émanent de quelques personnes, et presque tous les idéaux dégénèrent une fois populaires. Toute nouvelle vérité, chaque nouvelle représentation d'une ancienne vérité, dès qu'elle devient la propriété du plus grand nombre pour qui elle est destinée, perd son pouvoir d'inspiration et devient un lieu commun. Car les normes pour le plus grand nombre, doivent toujours être faibles, et c'est rarement les meilleures ou les plus nobles idées qui peuvent être acceptées par la majorité.

Ici, l'idée de la démocratie ne reçoit guère d'appui. Mais si la démocratie peut être utilisée pour amener les autres à combattre dans vos batailles pour que vous puissiez maintenir votre position dans un corps politique, tirez-en parti par tous les moyens. Au grand détriment des pays où il vit, ceci, le juif a réussi à le faire.

Ici, il vaut la peine de citer quelques réflexions d'hommes célèbres sur la démocratie :

La lettre de Lord Macauley, datée du 23 mai 1857, à l'Honorable H.S. Randall, New York City, exprime ses idées sur l'avenir des États-Unis dans le cadre du système démocratique :

> Je suis persuadé que je n'ai jamais prononcé un mot, au parlement, en conversation, ni même lors des campagnes électorales - un endroit où c'est la mode de courtiser la population - indiquant l'opinion que l'autorité suprême dans l'état devrait être instruite à (par) la majorité des citoyens par le vote, en d'autres termes, par les plus pauvres et les plus ignorants de la société. Je suis depuis longtemps convaincu que les

institutions purement démocratiques doivent tôt ou tard détruire la liberté ou la civilisation, ou les deux.' (Après un discours considérable sur la façon dont les personnes affamées et sans propriété réussiront à piller les États-Unis par des moyens légaux,[9] il poursuit)... 'Il y aura, je crains, spoliation... une fois que la société évoluera vers le bas, soit la civilisation soit la liberté périssent. Soit quelque César ou Napoléon saisira les rênes du gouvernement d'une main forte ou votre république sera redoutablement pillée et saccagée par les barbares du vingtième siècle comme l'Empire romain le fut au cinquième, à la différence que : les Huns et les Vandales qui ont ravagé l'Empire romain venaient de l'extérieur et vos Huns et Vandales ont été engendrés dans votre pays par vos propres institutions.'[10]

J. S. Mill - "Il n'est pas utile, mais nuisible, que la constitution de ce pays doive déclarer que l'ignorance devrait avoir le même pouvoir politique que le savoir".

Goethe - "La majorité se compose d'un petit nombre de meneurs énergiques, de coquins qui s'accommodent, de faibles qui s'assimilent et de la masse qui suit cahin-caha, sans savoir le moins du monde ce qu'elle veut. (Quelle description exacte de l'état actuel du gouvernement britannique. - A. L.)

Clemenceau - "Le gouvernement de la majorité signifie le gouvernement par des esprits inférieurs, et la lente évolution du progrès est déterminé par la nécessité de convaincre les esprits inférieurs".

Thomas Carlyle - "Historiquement parlant, je ne pense pas qu'il y ait eu de nation qui ait subsisté à l'état démocratique."

Mes lecteurs peuvent réfléchir sur le fait que, suite à l'adoption du suffrage universel en 1928, 11 ans auront suffit pour que la Grande-Bretagne soit entraînée dans une guerre qui permettrait aux États-Unis de devenir le plus grand pouvoir naval au monde.

La démocratie était, avant la guerre, le moyen de pourrir la France.

---

[9] Voir *Marxisme et Judaïsme* [Les origines secrètes du bolchevisme], de Salluste
[10] Voir *The Revolution was*, de Garet Garrett.

Maintenant, regardons nos Alliés. La Russie est-elle une démocratie ? La Chine est-elle une démocratie ? Dédaignant leur public de manière quasi inégalée, méprisant froidement les faits, et de façon éhontée, nos "hommes d'état" et les journalistes ont, ces trois dernières années, qualifié les nations alliées "de démocraties". Ils ne sont pas mal informés. Ils savent qu'ils pervertissent les faits lorsqu'ils appellent la Russie et la Chine des "démocraties". Pourquoi mentent-ils ? Cela, je le montrerai le moment voulu.

Comment se fait-il que Churchill n'ait pas protesté contre cette distorsion des faits par ses partisans, compte tenu de ses propres impressions sur la nature des Soviétiques ? Dans son message radiodiffusé du 20 janvier 1940, il a défendu la Finlande (ou les mines de Nickel de ses amis là-bas ?) en ces termes :

> De nombreuses illusions à propos de la Russie soviétique ont été dissipées pendant ces semaines de combats acharnés dans le cercle polaire arctique. Tout le monde peut voir comment le communisme pourrit l'âme d'une nation, comment il la rend abjecte et affamée en [temps de] paix et comment il s'avère être abominable en [tant de guerre]... Si la lumière de la liberté qui brûle si intensément dans le Nord glacial devait finalement s'éteindre, cela pourrait bien annoncer un retour à l'âge des ténèbres quand tous les vestiges du progrès humain depuis 2.000 ans seraient engloutis.

Churchill a écrit sur la Russie soviétique dans son livre, *Great Contemporaries* :

> En Russie, nous avons un peuple immense et stupide demeurant sous la discipline d'une armée de conscrits en temps de guerre ; un peuple qui souffre en temps de paix les rigueurs et les privations des pires campagnes : un peuple gouverné par la terreur, les fanatismes et la police secrète. Nous avons ici un État dont les sujets sont si heureux qu'il leur est interdit de quitter ses limites sous peines de sanctions les plus sévères, dont les diplomates et agents envoyés en missions à l'étranger doivent souvent partir laissant leurs femmes et leurs enfants à la maison en otages pour garantir un possible retour. Nous avons ici un système dont les acquis sociaux font que cinq ou six personnes se retrouvent entassées dans une seule chambre, dont les salaires sont à peine comparables avec

le pouvoir d'achat de l'allocation chômage britannique, dont la vie est dangereuse, où la liberté est inconnue, où la grâce et la culture sont en train de mourir, et où les armements et les préparatifs de guerre sont florissants. Voici une terre où l'on blasphème Dieu, et l'homme, plongé dans la misère de ce monde, se voit refuser l'espoir de la miséricorde des deux côtés de la tombe - son âme, dans la phrase de protestation frappante de Robespierre : 'pas plus qu'une brise affable disparaissant dans la bouche du tombeau.' Nous avons ici un pouvoir engagé activement et sans relâche à essayer de renverser les civilisations existantes par l'infiltration et la propagande, et quand il ose, par la contrainte sanguinaire. Nous avons ici un état dont trois millions de personnes languissent dans l'exil à l'étranger, dont l'intelligencia a été méthodiquement détruite : un État dont près d'un demi-million de citoyens, réduits à la servitude pour leurs opinions politiques, pourrissent et gèlent dans la nuit arctique, triment à mort dans les forêts, les mines et les carrières, beaucoup pour s'être livrés à rien de plus que cette liberté de penser qui a progressivement élevé l'homme au-dessus de la bête. Les hommes et les femmes britanniques bons et respectables ne devraient pas être si légèrement éloignés des réalités qu'ils n'ont aucune parole d'honnête indignation pour des souffrances si gratuitement et impitoyablement infligées.

Oui ! Churchill a dit tout cela ! Alors, d'où vient cette alliance avec la Russie ? De Churchill ? Cela semble peu probable à première vue, n'est-ce pas ? Mais considérez ceci : tout le monde connaît l'association de Churchill avec les hommes de la finance internationale, comme M. Bernard Baruch aux États-Unis, par le biais de diverses déclarations de presse. Le père de M. Churchill était un intime de Rothschild, tout comme Churchill lui-même. Les Rothschild se sont opposés au bolchevisme, en dépit de son inspiration juive, parce qu'à travers lui, ils ont perdu leur champ de pétrole de Bakou. Cela a nourri un conflit d'intérêts entre eux et d'autres intérêts juifs, surtout aux États-Unis, qui favorisaient le bolchevisme. L'entrée sur scène du gouvernement national-socialiste d'Hitler a entraîné une union d'intérêts d'autoconservation. Compte tenu des faits connus, cela ne semble-t-il pas expliquer le changement de position de Churchill ?

Révélations d'un Goy-averti

La presse démocratique mondiale n'a pas beaucoup remarqué que le limogeage du premier ministre Goga en Roumanie par le roi Carol était un acte de dictature. Elle a plutôt applaudi la destitution du ministre du roi élu par un vote populaire qui cherchait à freiner l'influence juive dans les affaires de son pays. Peut-être qu'ici, Mme Lepescu, l'amie juive du roi, a-t-elle usé de son influence ?

Il y a quelques années de cela, la Grande-Bretagne a accordé un prêt de seize millions de livres au feu dictateur de la Turquie, Kemal Atatürk.

Salazar, dictateur du Portugal et l'un des hommes d'État les plus sages dans le monde d'aujourd'hui, était le très bon ami de la Grande-Bretagne.

Daladier avait obtenu le droit de faire des décrets-lois en France.

Le président Roosevelt avait cherché des pouvoirs similaires aux États-Unis.

Aucune de ces personnes ne dérangeait la Grande-Bretagne ou son peuple.

Mais le gouvernement national-socialiste d'Hitler, qui a apporté une amélioration considérable de la protection sociale aux habitants de l'Allemagne, selon Douglas Reed (voir son *Disgrace Abounding*), eh bien, ça c'est quelque chose de différent. Son gouvernement a cherché à limiter l'influence juive dans les affaires de son pays (voir *Unfinished Victory* d'Arthur Bryant).

Eh bien, nous, Britanniques, nous ne pouvons tout simplement pas supporter ça, le pouvons-nous ?

Ce qui montre que "*Nous nous battons pour la démocratie*" n'est qu'un écran de fumée pour cacher la véritable raison de la guerre.

"Quelques leaders puissants" avec "un certain nombre de fripouilles conciliantes" !

Les dirigeants de la Grande-Bretagne savent parfaitement que ce n'est pas pour la démocratie que nous nous battons, mais pour le pouvoir qui s'engraisse sur son dos.

Chapitre 10

La théorie selon laquelle la haute finance est à l'origine de la guerre

Il y a une école de pensée qui croit que la Finance internationale avec son intérêt juif prépondérant et le système monétaire dans lequel la majeure partie du monde a souffert du chômage de masse était condamné à être remplacé par le système de crédit d'Hitler basé sur les normes de marchandises et le troc international. Cela supplanterait l'or, l'outil des internationalistes.

Je le crois aussi.

Mais certains vont jusqu'à dire que la guerre a été provoquée afin que, si Hitler était vaincu, le système monétaire basé sur l'étalon-or, qui est frauduleux, pourrait être maintenu au profit de Wall Street et d'autres grands contrôleurs de l'or.

Je n'y crois pas.

Cela pourrait valoir une guerre du point de vue de Wall Street, mais ça ne vaudrait pas cette guerre. Cette guerre montre toutes les traces que nous y avons été traînés les yeux bandés et non préparés. Wall Street n'aurait pas permis cela. Wall Street sait que si les Allemands gagnaient la guerre, il n'y aurait plus de Wall Street.

À mon avis, il y avait plus que la survie du système frauduleux de l'étalon-or. Les nécessités de la survie raciale ont fait qu'il était urgent pour les juifs d'agir sans délai. Leur influence considérable à Wall Street avec d'autres participants au pillage du système frauduleux n'a pas rendu trop difficile l'obtention du soutien de la "rue" pour une guerre qui était représentée comme inévitable.

Ce n'est pas l'endroit où aller dans les subtilités des systèmes monétaires. Le grain du problème est que le crédit basé sur l'or est insuffisant pour les besoins du commerce moderne. Un peu d'argent et de crédit est le meilleur pour l'usurier ou le prêteur d'argent, car la pénurie augmente le taux d'intérêt que les emprunteurs doivent payer. Le pouvoir de réglementer le montant d'argent et de crédit disponible permet aux contrôleurs d'or de dominer les affaires mondiales, sur le plan économique et politique. La création de dettes nationales inextinguibles fait partie du système de contrôle et le contrôle domine. Ce système de servitude économique et financière a été condamné par l'expansion du système de troc mis au point par l'Allemagne national-socialiste. (Pour une explication plus détaillée, voir le chapitre, "The Peace We Lost" dans *A People's Runnymede*, de Robert Scrutton, Andrew Dakers, éditeur.)

Chapitre 11

Le but est de détruire le fascisme et l'hitlérisme

Enfin, nous abordons les faits.

Certes, nous sommes entrés en guerre dans le but de détruire le fascisme et l'hitlérisme. Mais les gens n'avaient pas le droit de le savoir jusqu'à ce qu'il soit trop tard pour se retirer, ou ils ne l'auraient pas autorisé, s'ils avaient eu l'occasion de le faire. Ce n'était pas Hitler ou une forme de gouvernement fasciste qui était contesté, mais le fait que tous deux s'opposaient à l'influence juive dans leurs affaires intérieures.

Le président Roosevelt, dans une lettre adressée à la Conférence du Bureau international du Travail en 1944, a déclaré :

> Le bien-être de la population mondiale et sa liberté sont la première et ultime préoccupation de ceux qui se consacrent à éliminer de cette terre toute trace d'idées nazies et de méthodes nazies.

Le premier article du *Times* de Londres du 26 septembre 1939 disait :

> Nous sommes entrés en guerre avec la ferme résolution de débarrasser l'Europe d'une menace particulière dont la présence est incompatible avec la continuité de la vie civilisée, et c'est la simplicité de cette demande qui résout ce que le Duce considère comme une incohérence dans notre discrimination entre Hitler et son complice russe. Nous croyons que l'action russe, sans foi ni loi et traître comme nous devons le déclarer, est une conséquence secondaire et subordonnée du crime originel. Le soviétique n'a pas été partie prenante dans les outrages

antérieurs d'Hitler et n'a pas montré qu'il s'agissait essentiellement d'un pouvoir agressif.

Le Duce n'était pas le seul à voir l'inconsistance de la discrimination en faveur des Soviétiques, malgré cette explication sacrément bancale.

Dans beaucoup d'autres occasions, les politiciens nous ont assurés que nous luttons pour détruire le fascisme. Mais ils ne nous disent pas pourquoi ils jugent cela tellement nécessaire. Il y a eu une époque où cela ne semblait pas être une nécessité pour Winston Churchill. Dans son livre *Great Contemporaries*, (Putnam, New York, 1937) il a écrit :

> Ceux qui ont rencontré Herr Hitler, en personne dans les affaires publiques ou sur le plan social, ont découvert un fonctionnaire très compétent, sympathique et bien informé aux manières agréables et au sourire désarmant.

Et, dans *Step by Step*, Churchill a écrit de Herr Hitler :

> Si notre pays perdait la guerre, j'espérais que nous trouverions un Hitler pour nous ramener à notre position légitime parmi les nations.

Mais sur la Russie, Churchill a déclaré en 1920 :

> Le système soviétique c'est la barbarie pire que l'âge de pierre.

Dans un discours radiodiffusé le 20 janvier 1940, il a dit :

> Tout le monde peut voir comment le communisme pourrit l'âme d'une nation...

Et plus tard dans l'année, le 1er avril, il a déclaré :

> Le communisme est une maladie mentale et morale mortelle.

À partir de là, il est incompréhensible que Churchill ait conduit l'Empire britannique dans une guerre pour détruire le National-Socialisme avec l'aide de la Russie bolchevique.

À propos du fascisme italien, Churchill a déclaré dans un discours du 11 novembre 1938 :

> L'Italie a montré qu'il existe un moyen de lutter contre les forces subversives et de rassembler les masses, proprement commandées,

d'apprécier et de défendre l'honneur et la stabilité de la société civilisée. Par la suite, aucune grande nation ne sera dépourvue des moyens ultimes de protection contre la croissance cancéreuse du bolchevisme.

Dès 1926, le *Financial News* a rapporté qu'un Comité des résidents britanniques de Florence avait annoncé :

> Nous souhaitons préciser le plus clairement et vigoureusement qu'il n'existe aujourd'hui rien de ce qu'on peut qualifier de tyrannie ou de suppression de la liberté individuelle, comme le garantit la Constitution dans tout pays civilisé. Nous croyons que Mussolini bénéficie du soutien enthousiaste et de l'admiration d'Italiens satisfaits, disciplinés et prospères, chose jusqu'ici inconnue en Italie, et probablement sans parallèle à l'heure actuelle, parmi d'autres grandes nations européennes qui souffrent encore de la guerre.

Les lecteurs sympathiques souriront quand on leur rappellera qu'en 1933, le *Financial Times* a publié un supplément spécial de huit pages avec pour légende :

La Renaissance de l'Italie

Le cadeau de l'ordre et du progrès du fascisme

La solution du mystère est que, à l'époque, le fascisme n'avait pas encore à se battre avec les influences juives dominant les affaires de la nation. Giuseppe Toeplitz, un polonais juif de naissance, venait de se retirer de la direction de la Banca Commerciale Italiana, qui selon une dépêche du *New York Times* de Milan le 29 janvier 1938 (date de la mort de M. Toeplitz) était estimée contrôler un septième des industries italiennes.

Nous, fascistes, avons remarqué avec amusement comment notre propre gouvernement est forcé par la pression de la nécessité d'adopter une grande partie des politiques du fascisme. Nous pouvons, par exemple, reconnaître l'agriculture comme étant basique parmi les industries ; la nécessité de veiller à ce que la terre ne soit pas mal utilisée par les agriculteurs et l'organisation corporative de certaines industries et professions.

Révélations d'un Goy-averti

Le Bureau international du travail a publié un rapport en avril 1944 dans lequel les activités du Front du travail allemand établi par Hitler recommandaient d'être "adaptées pour un usage futur" après notre victoire. Les installations pour les activités de voyage, de loisirs et autres activités de temps libre, pour la formation professionnelle et la recherche sur la protection du travail des ouvriers ; le service "Beauté du travail" - "Kraft durch Freude" (Force par la joie) dans le Programme national-socialiste du travail - et la Banque du travail, "l'un des principaux établissements de crédit... de toute l'Europe" ; "cela devrait également être la responsabilité des commissaires du travail", poursuit le rapport de l'I.L.O. "pour poursuivre tous les services administratifs nécessaires à l'administration de la législation du travail et de la législation sociale : services d'emploi, assurance sociale et inspection du travail". La Charte du Travail de l'I.L.O. de Philadelphie a volé directement au fascisme ses notions d'organisations industrielles ! "Il insiste", dit le *Times* de Londres du 13 mai 1944, "sur le droit des employeurs de s'allier librement, et déclare aussi que si les travailleurs et les employeurs s'allient pour faire fonctionner l'industrie en collectivité, il doit y avoir un troisième élément - le gouvernement - pour coopérer et s'assurer que le reste de la communauté n'est pas exploitée." Des propositions semblables se trouvent dans le rapport de 1944 sur la reconstruction publié par le Grand Conseil du Congrès syndical.

C'est sur ces principes que l'organisation corporative fasciste de l'industrie était basée ! Alors pourquoi devrions-nous être si enthousiastes de tout détruire ? Il ne peut y avoir qu'une seule réponse plausible. Le National-Socialisme et le Fascisme se sont opposés à l'influence juive dans les affaires intérieures de leurs pays respectifs. Il n'est nullement pris en considération que nous avons largement la preuve que le National-Socialisme et le Fascisme étaient apparemment de bons gouvernements pour les Allemands et les Italiens dans leurs pays respectifs. Est-ce que pour le monde entier, seuls les intérêts juifs importent ?

Mais on peut douter que le meilleur gouvernement pour une Italie "libérée" plutôt que Fasciste puisse être atteint avec le matériel à disposition. Considérons simplement ce rapport du *Times* de Londres du 25 avril 1944 :

Comme la plupart des membres du nouveau Cabinet sont des républicains, une forme de procédure a été conçue selon laquelle les ministres, avant de prêter serment, ont signé une déclaration affirmant qu'ils avaient accepté le poste dans le but de servir les meilleurs intérêts du pays, mais sans attacher d'importance permanente pour la cérémonie.

C'est de ces "fripouilles complaisantes" que le Fascisme a préservé l'Italie pendant vingt ans. Au moment de la rédaction de ce document, tout pays dit "libéré" déclenche une campagne de violence et d'indignation contre ses éléments anticommunistes les plus actifs. Les mêmes conditions sont immédiatement reproduites desquelles leurs gouvernements fascistes ou semi-fascistes du passé les avaient sauvés.

Chapitre 12

Non préparés et aveuglés

IL est de notoriété publique que ce pays est entré en guerre sans être attaqué. Si un intérêt national vital avait obligé la Grande-Bretagne à commencer une guerre contre l'Allemagne, nous aurions dû au moins attendre le moment le plus favorable avant de la déclarer. Le fait que nous ayons été précipités dans la guerre, non préparés et les yeux bandés, est une preuve circonstancielle que nous n'y sommes pas entrés pour protéger un intérêt vital. Les nations qui ne sont pas attaquées ne commencent pas les guerres, à moins qu'elles ne soient assez convaincues de pouvoir les gagner.

Quand Churchill est devenu premier ministre, il a déclaré qu'il ne pouvait nous promettre que du "sang et des larmes". Comme il avait été depuis longtemps l'un des politiciens les plus actifs en faveur de "l'arrestation d'Hitler", le sens des responsabilités qu'il devait à la nation aurait dû l'empêcher de se précipiter avant qu'il ne se soit d'abord assuré que nous avions au moins la meilleure chance de gagner. Nous ne pouvons que conclure qu'en coulisses quelqu'un l'y a contraint - quelqu'un pour qui le bien-être de ce pays était sans grande importance.

Le ministre des affaires étrangères a admis que nous nous étions mis dans le pétrin sans aucune idée claire de la façon de s'en sortir, quand il a dit le 2 novembre 1939 :

> À moins que nous ne connaissions la durée de la guerre et son intensité, nous ne pouvons pas estimer ce que sera l'état de l'Europe lorsque la victoire sera gagnée.

La guerre de survie juive – Arnold S. Leese

M. Oliver Lyttleton, ministre de la Production, a déclaré à Farmborough le 6 mai 1944 :

> C'était certainement aberrant de penser que nous étions maintenant en vie en tant que Commonwealth et Empire britannique davantage par les fautes que l'ennemi a commises en 1940 que par toute la prévoyance ou la préparation que nous avions faite avant cette date.

Le même jour, le lieutenant général A.E. Nye, vice-chef de l'état-major général impérial, a révélé à Coventry que

> ...ceux d'entre nous qui avaient accès à toutes les informations disponibles, qui connaissaient l'ampleur de notre manque de préparation, étaient pleinement conscients qu'il faudrait deux ans au moins à partir du début de la guerre avant de pouvoir organiser, former et équiper une armée proportionnée à nos besoins, et nous savions tous que pendant ces deux années, nous étions assurés d'être impliqués dans une série de catastrophes.

On peut alors se demander, pourquoi l'état-major général Impérial n'a-t-il pas été consulté avant de nous engager lorsque la Pologne a fait appel à nous ? Ces trois aveux de la part de responsables prouvent que ceux qui avaient travaillé si fort pour nous engager dans la guerre pour "arrêter Hitler" ne pouvaient pas voir, lorsqu'ils le faisaient, à un mètre devant eux. Ils avaient les yeux bandé, ou ils n'auraient pas (s'ils étaient patriotes) agi comme ils l'ont fait. Leurs objectifs, par conséquent, n'auraient pas pu être liés au bien-être du pays.

Parlant à la Chambre des communes en 1941, le défunt colonel Wedgewood, député, dut admettre :

> ...Si la Russie se rendait, il se demandait si notre résolution tiendrait longtemps, si tentantes seraient les offres de paix d'Hitler.

M. Eden a demandé :

> Où serait cette nation si la Russie était incapable de retenir l'ennemi ?

La réponse à cette requête serait : exactement là où lui et ses compagnons bellicistes l'ont mise.

Révélations d'un Goy-averti

Ce n'est pas qu'ils ne savaient pas qu'ils n'avaient aucune chance sans la Russie. ILS LE SAVAIENT. Les dates et les citations des déclarations suivantes le prouvent :

25 mai 1939, M. Eden :

> Si une résistance efficace à l'agression doit être organisée en Europe de l'Est, la coopération internationale de la Russie est indispensable. (Le *Post* de Birmingham.)

22 juin 1939, M. Churchill :

> Sans alliance avec la Russie, aucune stabilité efficace ne peut être créée ou maintenue sur le long terme en Europe de l'Est. (Le *Guardian* de Manchester.)

3 avril 1939, M. Lloyd George :

> Si nous allons aider la Pologne sans l'aide de la Russie, nous tomberont dans un piège. (Extrait du discours à la Chambre des communes).

Ils savaient que nous dépendions des Soviétiques pour une possible réussite, et ils le savaient des mois avant que la Grande-Bretagne ne déclare la guerre. Non seulement ces politiciens nous y ont entraînés sans la moindre idée de savoir comment "accrocher le linge sur la ligne Siegfried", mais ils ne peuvent nous offrir aucun espoir, même après la victoire.

Sir Kingsley Wood nous a prévenus, le 2 février 1943 :

> Une guerre sans précédent, dévastatrice et paralysante de cette nature, doit signifier que non seulement ce pays, mais le monde entier serait beaucoup plus pauvre et handicapé... Nous devrions vivre dans un paradis pour fous si des vœux pieux nous ont amenés à croire que de cette guerre cruelle s'ensuivraient des moments plus heureux et de meilleurs jours.

M. Duff Cooper, le 16 mars 1943, a déclaré :

> Nous devrions faire tout notre possible pour retirer des programmes qui sont occasionnellement présentés au monde ces énormes espoirs d'amélioration immédiate. Il est peu probable qu'au lendemain de cette

guerre, les choses seront meilleures qu'elles ne l'étaient auparavant. Vous ne pouvez pas tout consacrer au travail de destruction et vous attendre à trouver un monde bien meilleur et plus raffiné.

Une "drôle de guerre" ?

Et nous y sommes allés, non préparés et sans espoir d'améliorer notre position selon les politiciens que je viens de citer. Les gens eux-mêmes étaient tellement perplexes quant à la raison pour laquelle il le fallait que les politiciens furent obligés de continuer à leur dire quel était le but de la guerre. Et toutes les raisons invoquées étaient différentes. Nous parlons de dix de ces raisons dans les dix premiers chapitres.

Mais Hitler a donné la vraie raison de la guerre dans chacun de ses discours : la communauté juive internationale.

Le ministère de l'information était aussi peu assuré de ce qu'étaient nos engagements tout comme n'importe lequel des autres ministères du gouvernement. En décembre 1939, il a publié une brochure intitulée "Assurance de la victoire", dans laquelle il a dit :

> Nous n'avons pas à vaincre les Nazis sur terre, mais seulement empêcher qu'ils ne nous vainquent. Si nous y parvenons, nous pouvons compter sur notre force dans d'autres directions pour les mettre à genoux.

Quelle absurdité à la lumière des évènements ultérieurs !

Que Churchill fut si vague au regard de l'expérience stupide et de ses conséquences que nous avons vues quand, sans mandat de "démocratie", il a offert à la France vaincue un acte d'union dans lequel "*la France et la Grande-Bretagne ne seront plus deux nations, mais une Union franco-britannique*" !

Cette folie irresponsable a été refusée par la France et n'est aujourd'hui jamais mentionnée dans la bonne société. Cela montre très clairement que quelque chose d'autre primait sur les intérêts britanniques.

Ensuite, il y avait le Japon. Churchill avait promis que la Grande-Bretagne arriverait "dans l'heure" si l'Amérique et le Japon entraient en guerre. En d'autres termes, tout comme nous avons permis à la Pologne de décider quand nous entrerions en guerre avec l'Allemagne, nous avons donc permis aux États-Unis de nous impliquer dans la guerre avec le

Japon. La catastrophe qui a suivi le début de la guerre, dans laquelle nous avons perdu Hong-Kong, Singapour, les États malais et la Birmanie, montre qu'aucune préparation appropriée n'a été faite non plus pour cette proposition difficile : si nous étions entrés dans cette guerre contre le Japon pour les intérêts britanniques, nous nous y serions pris différemment [11]

La communauté juive internationale qui nous pousse dans la guerre était prête à tout et assez indifférente quant à l'avenir de la nation britannique.

---

[11] Le fait que la guerre a été imposée au Japon et comment est montré dans les livres suivants, *The Truth About Pearl Harbor* et *The Final Secret of Pearl Harbor*, de John T. Flynn (Strickland Press, Glasgow).

Chapitre 13

Hitler a toujours su qui était son véritable ennemi

TOUT au long de la guerre, Hitler a constamment rappelé au monde qui était ses vrais ennemis :

Octobre 1941 : "Malheureusement, la nation dont je désirais le plus l'amitié ne nous a pas rejoint. La nation britannique ne porte pas toute la responsabilité à cet égard. Certaines personnes qui, dans leur stupide haine et leur folie ont saboté toutes ces tentatives soutenues par l'ennemi mondial - les juifs internationaux... Le complot des démocrates, des juifs et des francs-maçons a permis de plonger l'Europe dans la guerre."

Novembre 1941 : "L'Angleterre, inspirée par les juifs internationaux et l'Union soviétique, est également dirigée par des juifs".

Le 1er janvier 1942 : "La force motrice derrière eux (les Alliés) est celle des ploutocrates juifs qui, pendant des milliers d'années, ont toujours été le même ennemi éternel de l'ordre humain et par conséquent d'une véritable justice sociale... La conspiration financière juive anglo-saxonne ne se bat pour aucune sorte de démocratie".

Le 30 janvier 1942 : "M. Churchill, soutenu par une petite clique, a dit que je voulais une guerre. Derrière lui et sa clique, se trouvent les juifs qui les payent."

Le 24 février 1942 : "Cette alliance étroite du capitalisme et du communisme juifs n'est pas nouvelle pour nous, les anciens nationaux-socialistes... Par cette guerre, ce n'est pas l'humanité aryenne, mais le juif qui sera exterminé. Ce n'est qu'après l'extermination des parasites que le monde connaîtra une longue période de collaboration entre les nations et donc une période de paix."

Le 26 avril 1942 : "Les puissances cachées qui ont incité la Grande-Bretagne dans la Première Guerre mondiale étaient des juifs... Le bolchevisme s'appelle la dictature du prolétariat et est en fait la dictature des juifs".

30 septembre 1942 : "Si les juifs ont commencé cette guerre pour vaincre le peuple aryen, ce ne seront pas les Aryens, mais les juifs, qui seraient exterminés".[12]

Janvier 1943 : "L'alliance entre l'État capitaliste de l'Occident avec le régime socialiste mensonger du bolchevisme est seulement pensable parce que le leadership dans les deux cas est entre les mains des juifs internationaux. La 'Brain-trust' en grande partie juive de Roosevelt, la presse juive d'Amérique, les renseignements juifs et l'organisation du parti juif ne sont rien d'autre que l'égal du gouvernement juif de l'Union soviétique".

Janvier 1944 : "La lutte actuelle ouvrira les yeux de toutes les nations au sujet du problème juif. Les autres nations considéreront les mesures anti-juives allemandes comme un précédent qui vaut la peine de suivre et comme cours naturel à prendre".

Hitler a toujours compris le juif et au Congrès de Nuremberg en 1937, il a fait un résumé utile des méthodes juives de pénétration et de contrôle :

"Les juifs s'immiscent dans toutes les nations et, en tant qu'hommes d'affaires, leur première tâche est d'établir et de consolider leur influence dans la sphère économique. Après des siècles de ce processus, le pouvoir économique ainsi acquis conduit à l'adoption de contre-mesures sévères contre les envahisseurs par leurs hôtes. Cette forme naturelle d'autodéfense accélère la tentative juive d'enlever, au moyen d'un camouflage et d'un processus d'assimilation lent, non seulement les principaux motifs d'une attaque contre une race étrangère, mais aussi accélère leurs efforts pour acquérir une influence politique directe sur le

---

[12] Voir Annexes

pays dans lequel ils vivent. Ces deux maux dangereux sont ignorés, en partie par des considérations économiques et en partie grâce à une indifférence bourgeoise inhérente. En outre, les paroles d'avertissement des milieux influents ou intellectuels sont tout aussi délibérément ignorées. L'histoire nous enseigne que c'est toujours le cas chaque fois que les résultats prophétiques ont un caractère désagréable. Ainsi, à l'aide de la langue qu'ils ont adoptée, ces juifs réussissent à avoir une influence toujours plus grande sur le développement politique. La démocratie établit alors la condition préalable à l'organisation de ces éléments terroristes qui nous sont connus comme la sociale-démocratie, le Parti communiste ou l'Internationale bolchevique. Alors que la démocratie étouffe progressivement les forces vitales de la résistance, les gardiens avancés de la révolution mondiale juive sont développés dans les mouvements révolutionnaires radicaux."

"Le but ultime est alors la dernière révolution bolchevique, c'est-à-dire non pas l'établissement d'un leadership prolétarien par les prolétaires, mais la subjugation des prolétaires par leurs nouveaux maîtres étrangers..."

"En 1936, nous avons prouvé au moyen de toute une série de statistiques étonnantes que, en Russie aujourd'hui, plus de 98 % des postes de premier plan sont occupés par des juifs... "

"Qui étaient les dirigeants de notre République ouvrière de Bavière ? Qui étaient les dirigeants du Mouvement spartakiste ? Qui étaient les véritables leaders et financiers de notre Parti communiste ? Juifs, chacun d'entre eux. Le poste était le même en Hongrie et dans les parties rouges de l'Espagne "

Et, pourrait-on ajouter, qui sont les leaders du Parti travailliste "britannique" aujourd'hui ? Eh bien, le *New York Times*, le 31 août 1946, imprimait ceci :

> Lord Rothschild, un scientifique millionnaire de 36 ans, a déclaré à ce correspondant qu'il avait rejoint le Parti travailliste parce qu'il avait lu les livres de John Strachey, que les États-Unis ont par deux fois essayé d'expulser.

Révélations d'un Goy-averti

Fait intéressant, les écrivains et les savants juifs confirment la thèse d'Hitler sur l'origine et le développement des mouvements révolutionnaires. Parmi ces autorités juives figurent des noms tels que Bernard Lazare, Karl Marx, Henri Barbusse, Théodore Herzl et Benjamin Disraeli. Dans *Coningsby*, publié en 1844, quelques années avant que la révolution ne déstabilise l'Europe, Disraeli écrivit

> '...cette redoutable révolution qui se prépare actuellement en Allemagne et qui sera en fait la deuxième et plus grande Réformation et dont on sait peu de chose encore en Angleterre, se développe entièrement sous les auspices des juifs...' et '...chaque génération doit devenir plus puissante et plus dangereuse pour la société qui leur est hostile.' (pp. 231-232, Century Edition, NY, 1903.)

C'est ici que Disraeli a des choses intéressantes à dire sur la race juive :

> Aucune loi pénale, aucune torture physique, ne peut prétendre qu'une race supérieure devrait être absorbée par une race inférieure ou être détruite par elle. Les races mixtes qui persécutent disparaissent, la race pure persécutée demeure. (p. 231)

Chapitre 14

Hitler voulait la paix avec la Grande-Bretagne

EN Allemagne et en Grande-Bretagne, il y a beaucoup de personnes qui ont fait tout leur possible pour empêcher la Grande-Bretagne et l'Allemagne d'entrer à nouveau en guerre. Hitler était l'une d'elles, mais il a insisté pour que, dans la conclusion d'accords pour assurer la paix, l'Allemagne devrait être placée sur un pied d'égalité avec d'autres puissances. Lorsque cela a été refusé, l'Allemagne a quitté la Ligue des Nations.

Dans son discours du 26 septembre 1938, il a rappelé aux auditeurs qu'il avait, jusqu'à cette date, fait cinq propositions différentes pour la limitation des armements. Toutes avaient été rejetées. En 1935 et encore en 1936, il proposa de réduire les horreurs de la guerre en interdisant les bombardements de toute sorte en dehors de la gamme de l'artillerie sur les fronts et d'abolir les chars et l'artillerie lourde. C'est la Grande-Bretagne qui avait le plus à gagner des offres soumises que n'importe quelle autre nation, mais elle les a refusées.[13]

"Le monde", a déclaré Hitler le 14 octobre 1938, " que nous ne menaçons d'aucune façon, et auquel nous demandons seulement qu'il nous soit permis de nous occuper de nos affaires en paix, nous submerge depuis des mois sous un flot de mensonges et de calomnies".

Huit jours plus tard, il a déclaré :

---

[13] Voir Annexe 2, p. 115.

Révélations d'un Goy-averti

Notre but est de rendre notre peuple heureux une fois de plus en lui garantissant son pain quotidien. La tâche pour y parvenir est immense et le monde devrait nous laisser l'accomplir en paix.

Mais le monde, comme Disraeli l'a déclaré dans son expression célèbre dans *Coningsby*,

...est gouverné par des personnages très différents de ce qui est imaginé par ceux qui ne sont pas dans les coulisses.

Et qui étaient les personnages dont parle Disraeli ? Il nous dit à travers Sidonia : "les Sidonias d'Arragon étaient Nuevos Christianos" et "À peine Sidonia fut-il établi en Angleterre qu'il professait le judaïsme", qui, à son arrivée à Saint-Pétersbourg, "eut... une entrevue avec le ministre russe des finances, le comte Cancrin ; j'ai contemplé le fils d'un juif lituanien." Il voyagea en Espagne et eut une audience "avec le ministre espagnol, le seigneur Mendizabel," et en a contemplé un comme lui, "le fils d'un Neuvo Christiano, un juif d'Arragon". À Paris, il "contempla le fils d'un juif français" (Soult). En Prusse, "le comte Arnim entra dans le cabinet, et j'ai contemplé un juif prussien". (p. 232, Century Edition, 1903).

"Il n'y avait pas d'aventurier en Europe avec lequel il (Sidonia) ne soit pas familier. Aucun ministre d'État n'a eu une telle communication avec des agents secrets et des espions politiques que Sidonia. Il a entretenu des relations avec tous les parias rusés du monde. Le catalogue de ses connaissances sous la forme de Grecs, d'Arméniens, de Maures, de juifs secrets, de Tartares, de Gitans, de Polonais errants et de Carbonari, jette un curieux éclairage sur ces agences souterraines que le monde en général connaît si peu, mais qui exercent une si grande influence sur les évènements publics". (p. 202.)

Une analyse des pages de la presse dans n'importe quel pays démocratique au cours des cinq années de 1933 à 1938 montrera qu'il ne serait pas permis à Hitler de relancer son pays en paix.

En 1938, la Légion britannique offrait ses services pour superviser le plébiscite proposé en Tchécoslovaquie. Hitler a déclaré qu'il était disposé à les inviter à cette fin. Est-ce qu'un chancelier allemand responsable pouvait aller plus loin que cela ?

La guerre de survie juive – Arnold S. Leese

Nous avons déjà fait remarquer que les Allemands en 1940 avaient offert de retirer leur Führer si, pour ce faire, ils pouvaient faire la paix avec la Grande-Bretagne (p. 23). Cette offre est restée dissimulée au peuple britannique jusqu'à ce que M. Joseph Davies l'a révèle en 1943.

Le 10 mai 1941, Rudolf Hess, le bras droit d'Hitler, a risqué sa vie en faisant atterrir un avion en Écosse pour tenter d'avoir une entrevue avec un certain noble qu'il imaginait pourrait l'aider à faire cesser la guerre. "*Le Führer*", a-t-il dit, "*ne veut pas défaire l'Angleterre et veut arrêter de le combat*". Il a exprimé son horreur à l'idée de prolonger la bataille et a donné sa parole d'honneur que Hitler n'a jamais eu de dessins contre l'Empire britannique et n'aspirait pas à la domination mondiale. Mais toute négociation entre l'Allemagne et l'Angleterre, a-t-il dit, devrait être menée de ce côté-ci par un gouvernement autre que Churchill.

Au lieu d'investiguer sur la possibilité de mettre fin au carnage par de telles négociations, et de renvoyer Hess avec une réponse, notre gouvernement, avec le mépris de la chevalerie de l'Ancien Testament, l'a traité comme un prisonnier de guerre ordinaire et plus tard comme un criminel.

En 1939, Lothrop Stoddard, l'autorité américaine sur la race, fit une tournée en Allemagne et en Europe centrale. Il rapporta que :

>…la plupart des Allemands pensent que la guerre est stupidement inutile et que les Britanniques ont mis leur nez dans ce qui n'est pas leur affaire.

"*Réfléchissez un peu*", s'écrient-ils, "*ici, nous sommes tellement occupés à reconstruire notre pays et maintenant nous devons mettre de côté la plupart de nos magnifiques projets de construction pour aller nous battre avec ces damnés anglais !*" (*Daily Mail*, 9 janvier 1940.)

"*Nous, les Allemands*", lui a dit Goebbels, "*n'aimons pas cette guerre. Nous pensons qu'elle est inutile et stupide*". (*Daily Mail*, 13 janvier 1940.)

En novembre 1941, Hitler a annoncé :

>Après les victoires contre la Pologne et dans l'Ouest, j'ai de nouveau décidé - et pour la dernière fois - de tendre la main à l'Angleterre et de souligner que la poursuite de la guerre ne pouvait être qu'absurde pour

l'Angleterre, et rien n'empêchait de conclure une paix raisonnable. En effet, il n'y a aucune différence entre l'Angleterre et l'Allemagne, à l'exception de celles créées artificiellement.

La guerre, cependant, avait été décrétée par des influences juives internationales et rien ne pouvait l'arrêter. Ces influences purent lier aux politiciens un slogan accrocheur selon lequel personne ne pouvait avoir confiance en Hitler ou avoir des relations avec lui. Il devait être considéré comme un paria.

Cependant, Staline était merveilleux.

Que le bolchevisme soit en grande partie une création juive ne peut être niée.

Mais Hitler s'est engagé à libérer l'Europe de l'influence des juifs internationaux. Cela a fait une différence. Nous, qui savions cela, nous avons été mis à l'écart en prison pour ne pas continuer à révéler ce que nous savions.

Chapitre 15

Comment la Grande-Bretagne fut poussée à faire la guerre

La technique était simple : il s'agissait de stigmatiser Hitler constamment comme étant l'agresseur et d'essayer de faire croire qu'il fallait "l'arrêter".

Hitler est arrivé au pouvoir en 1933.

À ce moment-là, les politiques de la Grande-Bretagne, de la France, de la Russie, des États-Unis et de nombreuses puissances inférieures étaient influencées par des personnages semblables à ceux décrits par Disraeli en 1844 et comme l'avait été l'Allemagne pré-Hitler. Dès avril 1933, j'ai prophétisé dans *The Fascist* que le Pouvoir de l'argent juif *"fera tout son possible pour abattre Hitler et, à défaut, tentera d'amener les gouvernements occidentaux à entrer en guerre avec l'Allemagne grâce à son pouvoir et son noyautage de ces gouvernements"*. C'est ce qui s'est produit, même si je n'ai jamais pensé que la tentative réussirait.

Au Chapitre 14, j'ai cité les efforts de paix conciliateurs d'Hitler. Je citerai maintenant des discours, des écrits et des actions hautement provocateurs de nos "hommes d'État responsables" de 1933 jusqu'à la déclaration de guerre qu'ils souhaitaient si ardemment.

Sir Austen Chamberlain, comme son père avant lui, un porte-parole pour les intérêts internationaux aux connexions juives, a décrit le nouveau régime d'Hitler comme un *"impérialisme prussien avec une sauvagerie accrue : aucun sujet qui n'était pas de naissance nordique pure ne devait avoir l'égalité des droits et de la citoyenneté de la nation à laquelle il appartient."* (14 avril 1933.)

C'était à la Chambre des communes et la déclaration était aussi irresponsable qu'elle était inexacte.

Peu de temps après, un capitaine Sears a enlevé une couronne de fleurs qui avait été placée sur le cénotaphe par un émissaire d'Hitler et l'a jetée dans la Tamise.

Au cours de cette année (1933), de nombreux mouvements de boycottage anti-allemands ont été initiés par des juifs. Ceux-ci étaient principalement de nature commerciale, mais même lorsqu'une équipe allemande d'athlètes est venue dans la ville blanche en août, une tentative a été faite de les boycotter. Il est intéressant de noter que lorsque l'auteur de ce livre a préconisé un boycott des juifs en 1936, il a été poursuivi pour avoir publié des articles séditieux et pour méfaits publics. (Mais lui, bien sûr, est nordique et de souche.)

David A. Brown, président national, Campagne juive unie aux États-Unis, aurait déclaré à Robert E. Edmondson, un pamphlétaire anti-juif : "*Nous, les juifs, allons déclencher une guerre contre l'Allemagne*". C'était en 1934. La Ligue anti-Nazi de Samuel Untermeyer fut ensuite organisée en Boycott mondial du commerce économique de l'Allemagne.

Le 14 janvier 1934, le *Sunday Referee*, propriété juive, se référant à une visite de Herr Naberberg venant d'Allemagne, dans le but d'établir des relations entre les mouvements de la jeunesse des deux pays, a imprimé les titres "Renvoyer ces Nazis à Berlin" et "Visiteurs indésirables à Londres."

Le *Sunday Express* exigeait que le monde réduise toutes relations commerciales, sociales et diplomatiques avec l'Allemagne. Le général Smuts, de Capetown, rejoignit la clameur et, le 18 avril, déclara : "*Le monde ne peut pas permettre que les juifs soient opprimés*".

Sans égard pour les sentiments d'un pays amical, le gouvernement britannique envoya l'Officiel du Trésor juif S.D. Waley participer aux négociations financières anglo-allemandes à Berlin en novembre 1934.

Dans le *Jewish Chronicle* (Londres) du 22 février 1935, un avis nécrologique de J.E. Marcovitch, directeur général juif des journaux les plus importants en Égypte, a déclaré qu'il avait "*converti toute la presse égyptienne en véritable champ de bataille contre l'hitlérisme*".

La guerre de survie juive – Arnold S. Leese

Après quatre ans à Berlin en tant qu'ambassadeur aux États-Unis, M. William Dodd a refusé d'assister aux fêtes de Nuremberg et est revenu aux États.

Lorsqu'Hitler a repris l'Autriche, ce fut l'éditeur juif Victor Gollancz qui "a mené" la protestation à Trafalgar Square.

On a noté à propos de cette époque que les personnes qui étaient les premières à nous réarmer étaient les personnes mêmes qui nous avaient auparavant désarmées. La politique "Plus de guerre" a été abandonnée dès qu'il a été constaté que l'influence du monde juif serait sérieusement réduite sinon totalement finie si Hitler ne pouvait être vaincu.

The *Evening Standard* en juillet 1938 a publié un dessin animé tournant en ridicule la religion aryenne allemande.

Paul Dreyfus, un juif français de Mulhausen, où la branche occidentale du Komintern avait été établie, a déclaré :

> Avant la fin de l'année, un bloc économique de l'Angleterre, de la Russie, de la France et des États-Unis sera formé pour mettre les systèmes économiques allemands et italiens à genoux. (*La Vie de Tanger*, le 15 mai 1938, à Tanger).

M. Neville Chamberlain n'était pas coupable de s'être joint à la clameur pour "arrêter Hitler". Mais le *Evening Standard* a déclaré, le 5 août 1939 :

> ...il est ralenti par des intrigues incessantes. M. Eden est maintenant allié à la faction Fabian-sioniste dirigée par M. Israël Moses Sieff avec sa politique de bolchevisme de salon.

M. Philip Sassoon, de la riche et puissante famille juive de Sassoon et Premier commissaire aux travaux et bâtiments publics,

> ...a permis à Eden et ses satellites de tenir des réunions dans son bureau à la Chambre des communes. Eden et Sassoon ont été amis pendant des années. (*News Review*, 21 juillet 1939.)

Les principaux dirigeants politiques anti-nazis en Grande-Bretagne étaient Churchill, Eden et Duff Cooper.

Révélations d'un Goy-averti

Les mensonges de la presse, alléguant toutes sortes d'inconduite des Nationaux-Socialistes, étaient particulièrement répandus en 1938. L'un, qui, comme le reste, ne reposait sur aucun fondement, portait sur le fait qu'une femme britannique titrée avait été dépouillée et fouillée pour entrer en Allemagne à Aix-la-Chapelle.

Red Tape, un magazine de service civil, a imprimé un article recommandant la déportation d'Allemands nazis en provenance d'Angleterre en raison de leur antisémitisme.

Le *Daily Express* du 25 février 1939 a déclaré :

> L'antisémitisme est une malédiction d'un caractère si désespéré que nous devons diriger toutes nos énergies pour la détruire.

Vers le milieu de 1939, nous avions un ministre de la guerre juif, Hore-Belisha ; le juif Nathan dirigeait la campagne de recrutement pour la Fores territoriale ; la juive Lady Reading dirigeait les services aux femmes ; et le juif Humbert Wolfe a compilé le manuel du service national.

Pas étonnant que, le 1er avril 1939, le discours prononcé par Herr Hitler à Wilhelmshaven ait prévenu le monde :

> Ce n'est que lorsque l'influence juive qui divise les nations aura été éliminée qu'il sera possible de créer une coopération internationale fondée sur une compréhension durable.

L'avertissement fut évidemment ignoré. Même le Bulletin de Droite, journal du Right Book Club, traita Hitler de "*mégalo-maniaque qui, chaque jour, est autorisé à poursuivre incontesté et incontrôlé, constitue une grave menace pour la sécurité de ce royaume et de notre Empire*".

Un film de propagande, *The Confessions of a Nazi Spy*, a été montré à Londres. C'était une insulte à l'Allemagne. Le réalisateur du film était le juif A. Litvak, le conseiller technique était le rabbin H. Lissauer, le "directeur historique" était le juif Léon Turrou ; et les principaux personnages étaient interprétés par trois acteurs juifs, E. G. Robinson, dont le vrai nom est Goldenberg, Paul Lukas et F. Lederer.

Lors de la Conférence socialiste de Southport tenue en mai 1939, M. Noel Baker a avoué que le Parti socialiste "*a écrit des messages pour la presse allemande secrète qui circulent dans le pays d'Hitler*".

La guerre de survie juive – Arnold S. Leese

Aux États-Unis devant le Comité de la Chambre des représentants sur les activités non américaines, le général Van Horn Moseley, sensible à l'influence juive dans son pays, a témoigné sous la forme d'un rapport soigneusement compilé de l'activité révolutionnaire juive aux États. Le général a donné en même temps la preuve d'une tentative juive "de trouver son prix" pour rester silencieux. Le Comité a ordonné que tous les éléments de preuve soient exclus du dossier de ses travaux. Cela a été fait non seulement dans le cadre de la conspiration habituelle du silence sur l'influence juive, mais aussi pour prévenir d'une compréhension favorable du nettoyage en cours dans l'Allemagne nationale-socialiste.

Après avoir réussi à plonger la France et l'Empire britannique dans la guerre avec leurs ennemis, les juifs du monde ont été atterrés lorsque l'Allemagne a vaincu la France et a jeté les forces britanniques dans la mer. La prochaine chose à faire était de faire entrer les États-Unis dans la guerre ou leur cause serait perdue. Ayant aidé à amener les États-Unis dans la dernière guerre (voir p. 80) dans un accord avec la Grande-Bretagne pour leur accorder la Palestine comme futur foyer national, la tâche n'a probablement pas été considérée impossible, comme l'a montré l'avenir.

Hollywood a pris une part de premier plan dans cette campagne. Et Hollywood compte. Le monde entier regarde Hollywood et écoute Hollywood. Et les sociétés cinématographiques hollywoodiennes sont en grande partie juives. Ce n'est pas un secret.

D'Hollywood, le sénateur B. C. Clark a affirmé, le 10 septembre 1941, qu'une demi-douzaine d'hommes contrôlant l'industrie cinématographique voulait enflammer les Américains pour clamer la guerre.

Le *Daily Express* a rapporté, le 11 septembre 1941 :

> Comparant devant un comité du Sénat chargé d'enquêter sur la propagande dans les films, il (le sénateur Clark) a déclaré que l'industrie réalisait des dizaines d'images pour infecter l'esprit de leur public avec de la haine pour éveiller ses émotions. Les 17.000 salles de cinéma américaines tiennent lieu pratiquement de meetings de masse journaliers et nocturnes pour la guerre.

Chapitre 16

Les juifs reconnaissent leur pouvoir et menacent

La ligne de démarcation entre menacer d'une guerre et la déclarer est plutôt vague lorsqu'un des belligérants est une communauté qui se cache derrière les défenses de nombreuses puissances différentes et est reconnue par ces Puissances comme faisant partie de leurs ressortissants, même si elle est en fait étrangère. Cependant, j'ai essayé de distinguer ces deux conditions, en donnant des preuves de menaces dans ce chapitre et des preuves de réelles déclarations de guerre dans le prochain.

Les exemples suivants révèlent que les juifs croient qu'ils ont le pouvoir - et la volonté, si besoin - de provoquer des conflits internationaux :

> Si ces discussions aboutissaient à l'anéantissement des droits juifs dans ce pays (Palestine) ...un désespoir profond s'installerait sur les masses juives. Des hommes d'état sains d'esprit ne sauraient contempler avec un sang-froid imperturbable ce développement. Chacune de leurs actions seraient confrontées au problème juif de façon plus intense qu'à n'importe quel moment de l'histoire, et, ils pourraient tout essayer, ils ne pourraient pas y échapper. L'hydre juive verrait ses têtes pousser dans d'innombrables lieux de la scène diplomatique et bloquerait toutes possibilités d'apaisement international. (Watchman, *Jewish Chronicle* de Londres, 3 mars 1939.)

Le rabbin A.H. Silver décrit dans le *Jewish Chronicle* de Londres comme "l'un des plus grands leaders de la communauté américaine" prenant la parole lors de sa première réunion en Angleterre lors d'une tournée pour le *second Palestine War Appeal*, à Conway Hall, le 12 mars 1942, a fait cette déclaration :

> Il n'y aura jamais de paix en Europe jusqu'à ce que le problème du peuple juif en Europe soit résolu. Et le monde devrait le savoir.

De vives acclamations de la part du public juif accueillirent cette déclaration. Aux vues des circonstances dans lesquelles celle-ci a été faite, elle est d'une extrême importance.

Lors d'une conférence sioniste, rapportée le 22 janvier 1943 (*Jewish Chronicle* de Londres), le juif Berl Locker a dit :

> Ils avaient le droit de venir face au monde aujourd'hui et dire 'Voici le problème juif que vous devez résoudre. Sinon, le monde ne connaîtra pas le repos'.

Vladimir Jabotinski, chef sioniste juif, lors du 5ème Congrès des révisionnistes sionistes polonais à Varsovie a déclaré que les juifs pourraient

> ...devenir la dynamite qui ferait exploser l'Empire britannique. (*Times* de Londres, 30 décembre 1931.)

Le juif Eberlin a écrit dans son livre, *À la veille de la renaissance* :

> Tant que l'impérialisme anglais ne se sera pas effondré, le peuple juif n'obtiendra pas la possession complète de la Palestine... Notre objectif principal, pour le moment, c'est la destruction de l'impérialisme britannique.

Le Dr B. Messinsohn, qui a donné une conférence pour les sionistes à Cape Town, le 2 juillet 1930, a dit :

> Je préviens le monde que s'il ne tient pas ses promesses, il y a 16 millions de juifs qui seront à nouveau remplis de la haine et du désespoir qui a libéré tant de forces destructrices parmi eux au moment de leur grande oppression. Je préviens le monde ! Nous sommes un grand pouvoir. (*Times* du Cape, 3 juillet 1930.)

Le colonel Nathan, député, président du *National Defense Public Interest Committee*, formé pour stimuler le recrutement britannique, a déclaré en public :

Révélations d'un Goy-averti

> Si Zion tombe, l'Empire britannique tombe avec lui. (*Jewish Chronicle*, 27 janvier 1939.)

Et maintenant, quelques déclarations reconnaissant le pouvoir juif dans un passé moins récent.

> Nous sommes à l'origine, pas seulement de la dernière Grande Guerre, mais de presque toutes vos guerres, pas seulement de la révolution russe, mais de toute autre révolution majeure de votre histoire... Nous l'avons fait uniquement avec la force irrésistible de notre esprit, avec des idées et de la propagande. (Par l'écrivain juif Marcus Eli Ravage, *Century Magazine*, janvier 1928.)

> Il n'y a guère d'évènement dans l'Europe moderne qu'on ne puisse imputer aux juifs. Nous, les juifs, ne sommes plus aujourd'hui que les séducteurs du monde, ses destructeurs, ses incendiaires, ses bourreaux. (Par le savant juif, Oscar Levy, dans sa préface à G. Lane-Fox Pitt-Rivers, *The World Significance of the Russian Revolution*).

Goldwin Smith, D.C.L., professeur d'histoire moderne à Oxford, a écrit au 19ème siècle, en octobre 1881, ce qui suit :

> Quand j'étais le dernier en Angleterre, nous étions au bord d'une guerre avec la Russie qui aurait impliqué tout l'Empire... Les intérêts juifs dans toute l'Europe, avec la presse juive de Vienne en tant qu'organe en chef, faisaient tout leur possible pour nous y pousser. (C'était l'époque de la guerre russo-turque, 1877.)

"*Le juif seul*", a-t-il ajouté, "*considère sa race comme supérieure à l'humanité et n'attend pas avec impatience son union ultime avec d'autres races, mais son triomphe sur elles toutes et son ascendant final sous la direction d'un Messie tribal*".

Le colonel C. Repington raconte une conversation qu'il a eue (le 5 avril 1921) avec le comte Mensdorff, ambassadeur autrichien à Londres en 1914, comme suit :

> Mensdorff pensait qu'Israël avait gagné la guerre ; ils l'avaient fait, prospéraient et en avaient profité. C'était leur vengeance suprême sur le christianisme. (*After The War*, p. 155, Constable, 1922.)

"*La force jusqu'alors insoupçonnée et puissante de la communauté juive sioniste en Amérique*" est révélée par Samuel Landman, membre du Conseil des députés en Angleterre et conseiller de la fédération sioniste, dans une lettre au *Jewish Chronicle*, le 7 février 1936 (voir une autre source, p. 31). Il écrit :

> ...que la meilleure et peut-être la seule façon d'inciter le président américain à entrer en guerre était d'assurer la coopération de la communauté juive sioniste en lui promettant la Palestine. Ce faisant, les Alliés s'engageraient et mobiliseraient la force jusqu'alors insoupçonnée et puissante de la communauté juive sioniste d'Amérique et d'ailleurs en faveur des Alliés sur une base de *quid pro quo*.

La promesse de la Palestine comme foyer national pour les juifs a été faite et

> ...Les sionistes s'acquittèrent de leur part et ont aidé à faire entrer l'Amérique [dans la guerre]. La déclaration de Balfour du 2 novembre 1917 n'était que la confirmation publique d'un accord verbal de 1916.

Le 19 juin 1936, M. Lloyd George, a confirmé à la Chambre des communes les faits exposés dans la lettre de M. Landman avec ces mots :

> ...Nous avons décidé qu'il était souhaitable d'assurer la sympathie et la coopération de la plus remarquable communauté, les juifs... Dans ces conditions, nous avons proposé cette déclaration (Balfour) à nos Alliés.

Nous tenons ici, de la plus haute autorité, la preuve que, en 1916, l'influence juive aux États-Unis était le facteur décisif en matière de paix ou de guerre pour ce pays.

"*Contactez cinquante des plus riches financiers juifs, les hommes qui sont intéressés à faire des guerres pour leur propre profit. Contrôlez-les, et vous allez mettre fin à tout cela*". (Aurait dit Henry Ford, fabricant de voitures automobiles, dans le *Cleveland News*, le 20 septembre 1923.)

Deux ans avant la seconde guerre mondiale, le *Daily Express* du 28 avril 1937, a signalé que M. T. Driberg avait demandé à l'actuel Baron Rothschild le 3ème où il vivrait lorsque le bail de son domicile de Piccadilly prendrait fin. La réponse fut :

> Nulle part, probablement, je ne sais pas. Pas avant la fin de la guerre, de toute façon.

Révélations d'un Goy-averti

Évidemment, le baron savait qu'il y aurait une guerre.

En février 1945, le *Jewish Chronicle*, dans un article de premier plan, a spontanément déclaré : "l'antisémitisme, sans lequel cette guerre n'aurait probablement pas eu lieu".

Il s'agit d'une preuve faisant autorité selon laquelle nous, qui avons été persécutés en vertu du Règlement 18b, savions de quoi nous parlions.

Chapitre 17

Les juifs déclarent la guerre

LE juif a toujours été en guerre avec le monde des Gentils. Ce n'est bien sûr pas une guerre ouverte. Mais on peut avoir la confirmation dans les écrits juifs, si vous la cherchez. [14] Le succès de cette guerre secrète dépend principalement du silence qui l'accompagne. Il ne doit pas y avoir de publicité. Leur campagne contre notre monde rappelle le coucou qui pond ses œufs dans le nid accueillant et peu méfiant de l'accenteur mouchet. La conséquence ultime est la destruction de tous les jeunes moineaux de haie. Les juifs sont arrivés au pouvoir d'une manière similaire. Seuls les peuples intelligents les reconnaissent comme d'inéluctables ennemis. L'argent est le pouvoir, et l'argent juif achète rapidement la véritable opposition à leur présence et à leurs actions.

Le plan général est d'infiltrer tous les bons moyens d'influencer ce que l'on appelle l'"opinion publique", puis d'abîmer le moral de son ennemi et hôte peu méfiant au moyen d'idées pernicieuses. "Liberté, égalité et fraternité", "[15]non distinction de race, de croyance ou de couleur", sont les principaux signes distinctifs utilisés pour faire appel au complexe d'infériorité de la foule pour promouvoir la tolérance de l'influence juive parmi nous. Sur les fondations libérales et socialistes ainsi sécurisées, ils forment le marxisme, le bolchevisme, les formes perverties du christianisme et l'anti-nationalisme déguisés en internationalisme, tous pour la destruction de la civilisation gentille. Grâce au contrôle, direct et

---

[14] Voir *Le grand masque juif ou l'âne dans la peau du lion*, auteur anonyme.

[15] Voir *Marxism and Judaism* [Les origines secrètes du bolchevisme] de Sallustre.

indirect, de la presse, du cinéma, de la radio et les doctrines de la maçonnerie, une censure est imposée à toute personne qui a pris conscience de ce qui se passe et tente de lancer un avertissement.

Par ces méthodes, ils ont détruit le Tsarat et l'ont remplacée par le bolchevisme pour devenir la nouvelle classe dirigeante. Pour saper le pouvoir de leurs ennemis, ils ont enseigné l'idée du communisme aux Gentils et ont conduit à sa perte l'ancien régime à un moment de stress et de faiblesse. Mais leur communisme n'est qu'une idée. Dans la pratique, c'est un super capitalisme, le capitalisme d'État, sous leur contrôle. Peut-être est-ce une explication pour laquelle les banquiers juifs soutiennent le régime soviétique et ont été reçus à Moscou comme des rois.

L'objectif ultime semble être un monde dominé par l'influence juive soutenue par une aptitude orientale à la haine envers ses adversaires et un désir de vengeance qu'il est difficile pour le peuple aryen de comprendre. Le sort d'Hitler, le viol des femmes allemandes et le pillage et le saccage de l'Allemagne nationale-socialiste sont un exemple de leur férocité et de ceux qui tombent sous leur domination.[16]

"*Ce n'est pas en pure perte*", a déclaré le poète juif Bialik, beau-frère du général soviétique Gamarnik, également juif, "*que les juifs ont été attirés vers le journalisme. Dans leurs mains, il est devenu une arme très adaptée à leurs besoins dans leur Guerre de survie*". (Discours à l'Université hébraïque, Jérusalem, le 11 mai 1933).

Nul autre que Benjamin Disraeli nous donne cette déclaration faisant autorité, rédigée en 1852 lorsque les bouleversements révolutionnaires de 1848 convulsaient l'Europe, sur la guerre perpétuelle des juifs contre la civilisation chrétienne :

> L'influence des juifs peut être tracée dans la dernière flambée du principe destructeur en Europe.[17] Une insurrection a lieu contre la tradition et l'aristocratie, contre la religion et la propriété... l'égalité naturelle des hommes et l'abrogation de la propriété sont proclamés par les sociétés secrètes qui forment les gouvernements provisoires, et les hommes de la race juive se trouvent à la tête de chacun d'entre eux. Les

---

[16] Voir *Tempête Infernale* de Thomas Goodrich (Amazon ou Akribeia Ed., 2016).
[17] Voir *Marxisme et Judaïsme [Les origines secrètes du bolchevisme]*, de Salluste.

gens de Dieu coopèrent avec les athées, les accumulateurs les plus habiles de propriétés s'allient eux-mêmes avec les communistes, la race singulière et élue touche la main de toutes les racailles et les basses castes d'Europe, et tout cela parce qu'ils souhaitent détruire cette ingrate chrétienté qui leur doit même son nom, et dont ils ne peuvent plus supporter la tyrannie.[18]

Apparemment, 100 ans n'ont apporté aucun changement d'esprit.

Le 24 mars 1933, le *Daily Express*, dont le président est M. Blumenfeld, a imprimé une énorme légende sur sa première page :

LA JUDÉE DÉCLARE LA GUERRE À L'ALLEMAGNE

Le 2 janvier 1938 Le *Sunday Chronicle* a imprimé une légende agrandie :

UN FOND DE 500.000.000 £ POUR LA LUTTE DES JUIFS

sur un article qui disait :

> Le juif est confronté à l'une des plus grandes crises de son histoire troublée. En Pologne, en Roumanie, en Allemagne, en Autriche, il est dos du mur. Mais maintenant, il va riposter très durement.
>
> Cette semaine, les dirigeants de la communauté juive internationale se rencontrent dans un village près de Genève pour concevoir une contre-offensive.
>
> Huit cent mille juifs roumains sont maintenant menacés. En Hongrie, on craint que les mesures ouvertes du gouvernement ne succèdent à court terme au féroce antisémitisme officieux dans une tentative de forcer les juifs hongrois à émigrer. Les juifs autrichiens craignent une action similaire.
>
> Un front uni composé de toutes les sections des partis juifs doit être formé. Il montrera aux gouvernements antisémites d'Europe que le juif insiste sur le fair-play.
>
> Les grands financiers internationaux juifs doivent apporter une contribution d'environ 500.000.000 livres sterling. Cette somme servira à lutter contre les États persécuteurs. La bataille sera menée sur les bourses mondiales. Comme la majorité des États antisémites sont accablés de

---

[18] *Life of Lord George* Bentinck, Colburn & Co., Londres, 1852, p. 496.

lourdes dettes internationales, ils s'apercevront que c'est leur existence même qui est menacée.

Un boycott de leurs produits d'exportation par le détaillant dans toute l'Europe peut nuire au contexte actuel d'incertitude économique de plusieurs des pays antisémites.

Voici une admission du pouvoir juif et la volonté de ruiner les États qui leur sont hostiles avec un mépris total des exigences commerciales des pays dont ils prétendent être des ressortissants. Il est évident qu'un boycott du commerce en Angleterre contre les produits allemands entraînerait presque immédiatement une réduction des exportations britanniques vers l'Allemagne avec le chômage qui s'ensuivrait.

En l'espace d'un mois, le gouvernement Goga de Roumanie qui cherchait à restreindre le contrôle commercial juif, est tombé en raison d'une crise économique et financière.

Le 3 juin 1938, l'influent *Americain Hebrew* a imprimé un article avec cet avant-propos : "*Dans un article brillamment écrit, un journaliste non juif offre un aperçu audacieux sur l'avenir*". L'auteur était Joseph Trimble. Il s'agissait des éléments suivants :

> Les forces de réaction sont mobilisées. Une combinaison de l'Angleterre, de la France et de la Russie bannira tôt ou tard la marche triomphale du Führer assoiffé de succès. Par accident ou à dessein, un juif est parvenu au poste de la plus haute importance dans chacune de ces nations.
>
> Les vies même de millions de personnes sont aux mains de non-aryens. Blum n'est plus Premier ministre de la France. ...Mais le président Lebrun est un pur homme de paille et Daladier assume le fardeau pour un moment. Léon Blum est un juif proéminent qui compte. ...Il peut encore être le Moïse qui guidera la nation française. Et Litvinoff ? Le grand juif qui est assis à la droite de Staline, le petit soldat en étain du communisme. Litvinoff a augmenté en stature jusqu'à ce qu'il dépasse de loin tout camarade de l'Internationale à l'exception de Keeper au teint blafard du Kremlin.
>
> Passionné, cultivé, capable, Litvinoff a encouragé et promu le Pacte franco-russe. C'est lui qui a vendu le président Roosevelt. Il a accompli le

nec plus ultra en matière de diplomatie en gardant l'Angleterre conservatrice -gérée par des Etonians habiles- dans les termes les plus amicaux avec la Russie rouge.

Et [Leslie] Hore-Belisha ! Suave, rusé et intelligent, ambitieux et compétent, dynamique et autoritaire... Son étoile monte. Il suivra la voie de Disraeli dans la résidence au 10 Downing Street, où les destinées de tous les hommes du roi sont décidées. L'ascension de Hore-Belisha a été sensationnelle. Il est passé maître dans l'utilisation sagace de la presse publique, après avoir appris ses trucs de Lord Beaverbrook. Il a réussi à garder son nom bien visible. Ce jeune homme agressif a transformé l'Armée britannique d'un matériel désordonné, miteux, abattu et bancale en une machine de combat mécanique, qui, pour la guerre, en terme de rapport de force dans un monde qui menace, va maintenant devenir un peu plus qu'un tas de fumier pour les dictateurs.

Ainsi, il se peut que ces trois grands fils d'Israël, ces trois représentants de la race qui a été obligée de jouer Jean Valjean à Hitler le Javert, ces trois juifs formeront le cartel qui enverra le dictateur frénétique qui est devenu le plus grand ennemi juif des temps modernes, à l'Enfer auquel il a expédié tant de ceux de 'leur espèce'...

Il est presque certain que ces trois nations, liées par de nombreux accords et dans un état d'alliance virtuelle quoique non déclarée, se tiendront côte à côte pour contrer les avancées successives d'Hitler vers l'Est. L'ordre qui propulse un Nazi défilant au pas à travers la frontière tchèque sera l'étincelle qui va encore envoyer l'Europe à la faillite.

Et quand s'estompe la fumée de la bataille et que cesse le vacarme des trompettes et que s'apaise les détonations des balles, on peut présenter un tableau montrant l'homme qui a joué à Dieu, le Christus Swastiké, être descendu de manière peu délicate dans un trou dans le sol qu'aussitôt, le trio des non-Aryens entonne un requiem ramifié, qui ressemble de façon douteuse à un mélange de la Marseillaise, de God Save the King et de l'Internationale, se fondant dans une grande finale dans un arrangement militant, fier et agressif d'Eili, Eili ! (Cri de triomphe juif – Ed.).

Le rabbin M. Perlzweig, chef de la Section britannique du Congrès mondial juif, a déclaré devant un public canadien :

Révélations d'un Goy-averti

Le Congrès juif mondial a été en guerre avec l'Allemagne pendant sept ans. (*Toronto Evening Telegram*, 26 février 1940.)

Ces paroles confirment la déclaration de Samuel Untermeyer d'une "guerre sainte" sur la station de radio WABC le 7 août 1933.

Une autre confirmation est celle de Moshe Shertok, qui, lors de la Conférence sioniste britannique en janvier 1943, a dit :

> Le Yishuv était en guerre avec Hitler bien avant la Grande-Bretagne et l'Amérique. (*Jewish Chronicle*, 22 janvier 1943.)

Le Yishuv est le mouvement juif en Palestine.

Lord Strabolgi, le 4 juillet 1944, a déclaré que Chaim Weizmann, juste avant le déclenchement de la guerre, a offert à M. Chamberlain l'aide de la communauté juive du monde entier, y compris la main d'œuvre.

Quelques détails de la guerre économique, menée par boycott, suivent :

En avril 1934, M. Herbert Morrison, président du Conseil du comté de Londres et chef du Parti travailliste, a parlé lors d'un bal pour recueillir des fonds pour le Conseil des représentants juifs pour le Boycott des marchandises et services allemands. Il a déclaré :

> Il est du devoir de tous les citoyens britanniques qui aiment l'indépendance et la liberté de boycotter les marchandises et les services allemands.

C'est une leçon de concorde internationale.

Il y eut également un Conseil conjoint des commerces et des industries avec Lord Melchett et H. L. Nathan, maintenant Lord Nathan, tous deux juifs, à sa tête, qui boycottait les Anglais qui voulaient vendre des produits allemands.

C'est une leçon de concorde domestique.

Il y avait une Ligue des femmes acheteuses pour aider le boycottage, et une organisation de boycott britannique dirigée par le capitaine juif W.J. Webber (qui a ensuite fait faillite sans avoirs), pour lesquelles M. J.C. Lockwood, député et Sir George Jones, député, ont pris la parole.

Pendant ce temps, le Congrès juif mondial essayait d'organiser un boycott mondial des marchandises allemandes. De l'autre côté de l'Atlantique, Samuel Untermeyer était président de la Ligue de boycott non-sectaire d'Amérique.

Tous ces actes de guerre économique ont été autorisés par les gouvernements de la Grande-Bretagne et des États-Unis.

Lors d'une réunion organisée par le Comité juif uni pour aider la Russie soviétique, tenue à Grosvenor House en novembre 1942, M. Beverly Nichols a déclaré qu'il pensait que :

> Quand Hitler a déclaré que c'était une guerre juive, il disait quelque chose qui était en grande partie vraie, en cela que s'il n'y avait pas eu les pogroms et la persécution constante des juifs, le monde n'aurait pas pris conscience du mal indispensable qu'était le Nazisme.

L'honorable Walter Elliott, député, s'exprimant à l'Albert Hall lors d'une manifestation contre le traitement des Nationaux-Socialistes envers les juifs, en octobre 1942, a dit qu'il

> ...considérait que les atrocités des Nazis étaient, plus que tout autre facteur, la raison pour laquelle la Grande-Bretagne entrait en guerre. Il se souvenait très bien que, quelques années avant la guerre, Sir Austen Chamberlain avait attiré l'attention sur les atrocités [commises] contre les juifs et avait averti le monde qu'avec un tel système, les relations ordinaires seraient impossibles.

Aucun de ces orateurs n'eut un mot, bien sûr, pour les atrocités juives commises contre l'Allemagne qui ont poussé Hitler à détruire le pouvoir juif dans son pays.

En faisant la guerre à Hitler, les juifs devaient également faire la guerre contre les travailleurs anti-juifs dans les pays alliés. Des mesures ont été adoptées par notre piètre et servile parlement, qui n'étaient pas britanniques et inégalées pour notre époque moderne. Tout patriote anti-juif était signalé dans la presse comme "Quisling" [collabo], et s'il était considéré comme suffisamment important, il était arrêté. Ensuite, sans inculpation ni procès, il était expédié en prison ou dans un camp d'internement indéfiniment.

Révélations d'un Goy-averti

Un secrétaire de l'intérieur servile fut garanti en la personne de Sir John Anderson, et plus tard M. Herbert Morrison. Ce dernier politicien, dont nous ne connaissons pas l'origine raciale, a un record étrange en ce qui concerne la guerre. Dans la dernière guerre, il était un objecteur de conscience. Il est responsable des mots suivants dans le *Labour Leader*, le 3 septembre 1914, qui sont cités ici afin que le lecteur connaisse le genre d'homme qui a été nommé en 1940 :

> Votre roi et votre pays ont besoin de vous !
>
> Ah ! Hommes du pays, on se souvient de vous. Ni le roi ni le pays, ni les journaux illustrés ne vous ont oublié. Lorsque les militaires ont été utilisés contre vous pendant la grève, vous êtes-vous demandé si votre roi était vraiment amoureux de vous ? Oui ? Ah, les idiots, votre roi et votre pays ont besoin de vous. Besoin de centaines d'entre vous pour aller en enfer et faire le travail de l'enfer. Le commandement dit 'Tu ne tueras point'. Bah ! Est-ce que cela compte ? Les commandements, comme les traités, ont été faits pour être brisés. Demandez à votre paroissien ; il expliquera. Votre roi et votre pays ont besoin de vous. Allez, petits soldats, partez, bien que vous n'ayez aucun grief contre votre frère allemand: partez et tuez-le. Il n'est qu'un chien allemand, ne vous tuera-t-il pas s'il en a l'occasion ? Bien sûr, il le fera -- on lui raconte la même histoire.

Dans cette guerre, cependant, M. Morrison a exhorté la nation à "Y ALLER". Quelle explication, autre que le juif est en péril, peut être donnée ?

On ne sait pas si M. Morrison est un juif ou non. Mais pourquoi aurait-il parlé lors du service "Seder" entièrement juif, le 17 avril 1939, à l'Hôtel Astor, à New York ? Pourquoi était-il au Comité de la Réunion annuelle pour l'Exposition et le Bazar de l'année 1936 du Fonds national juif ?

Le saut périlleux de M. Morrison n'est pas plus étrange que les sauts périlleux des archevêques et de M. Churchill dans leur vision du bolchevisme en Russie. Il ne faut pas plus se le demander que les sauts périlleux des enthousiastes de la paix qui oublient tout sur la nécessité de la paix quand la destruction de l'influence juive semblait imminente. Ils ont précipité le pays la tête la première dans la guerre.

La guerre de survie juive – Arnold S. Leese

Ces hommes et femmes patriotes qui ont exprimé leur opinion selon laquelle des influences juives avaient fait entrer le pays dans la guerre furent jetés en prison par Sir John Anderson. Le règlement 18b qui a rendu cela possible a été déclaré de tous les côtés comme non-britannique - l'OGPU anglicisé. Est-ce la raison pour laquelle, si peu de membres du parlement ont fait entendre leur voix contre ce règlement ? Peut-être craignaient-ils de se retrouver à Brixton à côté de leur collègue, le capitaine A. H. M. Ramsay. Le *Jewish Chronicle* n'a jamais manqué de publier toutes les nouvelles concernant "18b", vraies ou fausses. Toute tentative timide de la part des personnes isolées, indistinctes, de protester contre le traitement des Britanniques loyaux tombant sous le coup du règlement 18b était stigmatisée comme "Sollicitude pour les 18b".

Dans le "Sermon de la semaine", le 8 mai 1942, le *Jewish Chronicle* a dit :

> Nous sommes en guerre contre lui (Hitler) depuis le premier jour où il a gagné le pouvoir.

Le *Chicago Jewish Sentinel*, le 8 octobre 1942, a dit :

> La Seconde Guerre mondiale est menée pour la défense des fondements du judaïsme.

Chapitre 18

La guerre juive

EN Grande-Bretagne, le ministère responsable pendant les mois précédant le début de la guerre était en grande partie sous influence juive. Le premier ministre, M. Chamberlain[19] n'était pas, cependant, selon moi, si fortement sous cette influence. Il essaya réellement d'éviter la guerre contre la Tchécoslovaquie en 1938. Sa santé défaillante affaiblit sa résistance à la pression des guerriers. S'il avait démissionné en signe de protestation, il aurait peut-être pu susciter suffisamment d'émoi pour éviter la guerre.

À l'exception de quelques ministres à des postes nationaux comparables, tout le ministère a eu des contacts avec la partie influente de la communauté juive en Grande-Bretagne. Pourquoi tous ces hommes ont agi comme ils l'ont fait, je ne prétends pas le savoir. Certains ont agi dans l'ignorance ; certains à cause de leurs liens avec la maçonnerie. Certains ont peut-être cessé de penser comme des Britanniques. Tous étaient imprégnés des slogans de la démocratie, comme les politiciens doivent inévitablement l'être. Aucun n'avait une vague notion de race, la seule base réelle de la véritable politique. J'ai montré dans d'autres chapitres qu'il n'y avait aucune explication quant à leur mépris général pour les intérêts de leur pays s'ils devaient être considérés comme intelligents et honnêtes. Mon seul but d'aller plus loin pour montrer leurs contacts juifs est de faire comprendre au lecteur l'étendue de cette

---

[19] Le père de M. Chamberlain a offert aux juifs une terre précieuse en Afrique de l'Est gratuitement pour leur foyer national. À cette époque, aucun colon britannique ne pouvait y avoir une terre gratuite. Il devait en fait payer un dépôt avant qu'il puisse pénétrer dans le pays.

pénétration étrangère dans les milieux politiques britanniques. Je voudrais souligner les défauts de la vie publique en vue de leur réformation et susciter l'effort de corriger ces défauts par des moyens légaux parce que leur prolongation est un péril.

Le chancelier de l'Échiquier [ministre du gouvernement du Royaume-Uni chargé des finances et du trésor] était Sir John Simon (maintenant Lord Simon), pas juif, mais avec des liens juifs. Sa femme est une ardente sioniste. Lord Simon était un invité régulier de feu Sir Philip Sassoon. Lord Simon est venu récemment pour un héritage du juif Sir Strakosch. En février 1943, lorsqu'il est devenu Lord Chancelier, il a déclaré au club St. Stephen, S.W., "*Nous allons maintenir*", en matière de représailles sur les Nazis, "*le bon principe britannique que seuls ceux qui sont prouvés coupables devraient être punis.*" Cela fut dit en sachant parfaitement que les patriotes anti-juifs souffraient au même moment d'années d'emprisonnement sans n'avoir commis aucune infraction et sans procès, en vertu du règlement 18b. Plus tard, dans un débat sur le 18b à la Chambre des Lords (*Times* de Londres, 26 janvier 1944), il a dit que le 18b était "*préventif et non punitif*" ; là encore, il savait très bien que la détention ne pouvait être autrement que punitive. En fait, la détention au début n'était pas seulement punitive mais sadique, alors que tout au long des années, les détenus n'étaient autorisés à voir leurs épouses, leurs familles ou leurs amis que pendant une demi-heure par semaine lors d'une visite surveillée en prison.

Le ministre de l'Intérieur était Sir Samuel Hoare. Il a dit lors d'une réunion du Rotary Club en 1938 qu'il trouvait que les juifs étaient un atout pour la Grande-Bretagne.[20] Comme Lord Simon, il était l'invité régulier de Sir Philip Sassoon.

Lord Halifax était ministre des Affaires étrangères. Son fils et héritier avait épousé la petite-fille d'un Rothschild.

Au bureau de la guerre se trouvait Hore-Belisha. L'un de ses sous-secrétaires était le juif Sir F. C. Bovenschen. Son conseiller en restauration était le juif Sir I. Salmon.

---

[20] Sir Samuel doit avoir lu *News of England* de Beverly Nichols.

En tant que Lord Chancelier, nous avions Lord Maugham, avec des liens de famille juifs par mariage. Son secrétaire permanent était le juif Sir Claud (maintenant Baron) Schuster.

Lord Runciman était Lord Président du Conseil ; son fils et héritier avait eu comme première épouse une juive.

À la Chambre de commerce, se trouvait l'honorable O. Stanley, dont le beau-frère était un fils de Rothschild.

Lord Stanhope était à l'amirauté. Bien qu'il semble juif, ici nous ne connaissons aucune connexion juive.

Le secrétaire d'État pour l'Inde était le marquis de Zetland, qui a des liens juifs par mariage et est un franc-maçon important. Son sous-secrétaire adjoint était le juif Sir Cecil Kisch ; son conseiller financier honoraire, le juif Sir H. Strakosch. Le conseiller économique du gouvernement indien était le juif T. E. Gregory, dont le vrai nom est Guggenheim.

M. Malcolm Macdonald était secrétaire colonial. Il est associé à Israël Moses Sieff dans le "P.P.E." (Voir page 12-13).

Le sous-secrétaire des Dominions était le duc de Devonshire. Sur la direction de l'Alliance Assurance Company, il avait comme associés les juifs Rothschild, Bearsted et Rosebery. En 1936, le duc était associé à la gestion de l'exposition dans l'aide du Fonds national juif.

Sir Kingsly Wood, le Secrétaire à l'air, est un fort partisan des institutions du "P.P.E.". Il a décrit les juifs en tant que race que nous apprécions dans ce pays et que nous souhaitons toujours avoir avec nous ".

Le ministère de l'éducation était détenu par Earl de la Warr. Il est un associé du "P.P.E.". Son secrétaire parlementaire était M. Kenneth Lindsay, une fois secrétaire du "P.P.E." la secrétaire privée de M. Lindsay était Miss Thelma Cazalet, une sioniste.

M. Ernest Brown était ministre du travail et du service national. Il a eu le juif Humbert Wolfe comme secrétaire parlementaire.

M. E. L. Burgin était ministre des transports. Il est avocat dont l'entreprise conseille les banquiers Lazard Bros.

M. H. H. Ramsbotham (maintenant Baron Soulbury) était le premier commissaire aux travaux. Sa femme est la juive De Stein.

Le secrétaire du permis au ministère des pensions était Sir Adair Hore, beau-père de Hore-Belisha. Ministre de la guerre.

Pour d'autres recherches, nous suggérons de lire *The Jews*, par Hilaire Belloc.

Le gouvernement français avait également été infiltré, influencé et contrôlé par des intérêts juifs.

En décembre 1938, le *New York Daily News* publiait plusieurs articles sur les juifs détenant des postes fédéraux aux États-Unis.

À mesure que la guerre s'est développée, certains changements ont eu lieu dans notre gouvernement. Le premier était M. Winston Churchill qui devint le premier ministre en remplacement de M. Chamberlain. M. Churchill est à moitié américain. Sa famille a eu des liens étroits avec les intérêts juifs. M. Churchill a déclaré que son père, Lord Randolph, avait Lord Rosebery comme son plus grand ami. Il faut se rappeler que Lord Rosebery était marié à une Rothschild. Lord Randolph a été récipiendaire d'un "prêt" de 5.000 livres sterling de Lord Rosebery. Accompagné d'un ingénieur minier Rothschild, il a visité l'Afrique du Sud en investissant dans des mines d'or. On dit que son profit était considérable. Un ancêtre, le duc de Marlborough, aurait reçu une avance sur honoraire de 6.000 livres par an auprès du courtier en or juif Solomon Medina en échange d'informations sur les progrès de la guerre sur le continent. Cette information a permis à Medina de manipuler les marchés. August Belmont, un représentant de Rothschild à New York, était un ami proche du grand-père maternel de Churchill.

Le frère de Churchill est avec la société de courtage en valeurs mobilières juive de M.M. Vickers Da Costa & Co., qui s'occupe du compte Rothschild. La fille de Churchill a épousé le comédien juif Vic Oliver et a divorcé en 1945. Son fils, Randolph, a officié en 1933 en tant que président du Comité des jeunes hommes de l'Association britannique des Maccabées, une société entièrement juive. Churchill a été blessé aux

Révélations d'un Goy-averti

États-Unis quelques années avant la guerre, ayant mal jugé les indications de trafic inversées, alors qu'il devait rendre visite à M. Bernard Baruch. L'influence de M. Baruch en Amérique n'a pas besoin de commentaire. En 1944, Churchill a reçu du juif Sir H. Strakosch un héritage de 20.000 livres sterling.

M. Churchill a longtemps reçu une mention favorable dans la presse juive de Grande-Bretagne. Sa lutte contre le projet de loi sur les étrangers et contre le resserrement des règlements de naturalisation en 1903-1904 a reçue ce commentaire :

> Le correspondant du Lobby de la Chambre des communes du *Daily Telegraph* a déclaré : 'Les obstructionnistes avaient toute matière nécessaire avec le projet de loi sur les étrangers dans la Grande Commission hier. L'article I a été reporté et seulement une ligne et demie de la clause II a été adoptée. À ce rythme, il faudra 165 jours pour obtenir la mesure. M. Churchill, M. Trevelyan et M. Runciman jubilaient du succès de leur tactique.' (*Monde juif*, 24 juin 1904.)

> Le magnifique combat de M. Winston Churchill dans le Grand Comité contre le premier projet de loi sur les étrangers persistera longtemps dans le souvenir de ceux qui l'ont vu. (*Jewish Chronicle*, 15 décembre 1905.)

> Le Dr Dulberg a déclaré que la question de la naturalisation était essentiellement juive, et que c'était l'ambition de la majorité des étrangers juifs qui sont venus dans ce pays d'être naturalisés. J'espère que M. Churchill tiendra ses promesses et transformera ses paroles en actes. (*Jewish Chronicle* 14 décembre 1906.)

> Monsieur (aujourd'hui Sir.) Stuart Samuel a rappelé à ses coreligionnaires qu'en 1903, M. Churchill leur a rendu un service précieux en s'opposant au projet de loi sur les étrangers. M. Churchill a été l'un des premiers à se présenter pour s'opposer à ce projet de loi, et personne ne s'est battu contre lui avec plus d'esprit ou plus de capacité. (*Manchester Guardian*, 21 avril 1908.)

M. Churchill a ensuite demandé une récompense pour ses services :

> M. Churchill s'adressant à une audience juive dans les salles de la Achei B'rith Society dimanche soir a fait appel à leur soutien en raison du

travail qu'il avait fait pour les juifs dans le cadre du projet de loi sur les étrangers : en ce qui concerne la première mesure sur le sujet, des hommes comme Sir Charles Dilke, M. Herbert Samuel et lui-même s'étaient efforcés d'éliminer le projet de loi. (*Manchester Guardian*, 9 janvier).

M. Churchill était chancelier de l'Échiquier en 1925 lorsque la Grande-Bretagne est revenue à l'étalon-or. Il a admis à la Chambre des communes le 17 novembre 1944 que

> ...il avait été un ami cohérent des juifs et un architecte constant de leur avenir.

M. Eden a remplacé Lord Halifax en tant que ministre des Affaires étrangères en 1940. Lord Halifax est allé aux États-Unis avec le demi-juif Sir R. I. Campbell pour l'aider. Ce n'est pas un secret que M. Eden est un grand ami de Litvinoff, ministre des Affaires étrangères des Soviétiques et du défunt Sir Philip Sassoon, dont la mère était une Rothschild. Eden avait pour habitude de souper avec Sassoon plusieurs fois par semaine. Voici quelques extraits de journaux des affiliations politiques juives de M. Eden :

> Ceux qui ne sont pas d'accord avec le gouvernement regardent avec intérêt M. Anthony Eden et se demandent dans quelle direction il veut aller. Je sais que M. Eden est attiré par les Planificateurs, l'organisation appelée Politique et Planification économique, en abrégé P.P.E. Le Planificateur n°1 est M. Israël Sieff. Dans son appartement de Park Lane, il donne quelques-uns des meilleurs dîners à Londres. Le pain sans levain est la caractéristique de ces réceptions. M. Kenneth Lindsay, M. Robert Bernays et le commandant Locker-Lampson sont des invités fréquents. M. Amery est également un ami du Sieffs !

> Les membres d'un dîner Sieff vont ensuite généralement danser vers minuit en soutien à un organisme de charité juif dans l'un des grands hôtels.

> Mais avant de quitter l'appartement, M. Sieff offre des divertissements à la fête. Ils sont invités à tous enlever leurs manteaux à queue-de-pie et à jouer au ping-pong ou encore à monter sur le chameau électrique artificiel

sur lequel M. Sieff prend de l'exercice chaque matin. (*Evening Standard*, 5 août 1938.)

Sir Philip Sassoon, premier commissaire aux travaux, est le dernier ministre impliqué dans la controverse avec le premier ministre. M. Chamberlain a découvert que Sir Philip avait autorisé Anthony Eden et ses satellites à tenir des réunions dans son bureau à la Chambre des communes. Eden et Sassoon étaient amis depuis des années. (*News Review*, 21 juillet 1938.)

Le pedigree de Schaffalitsky dans le nom de M. Eden n'est pas connu.

Certains transferts vers d'autres postes ont eu lieu parmi les hommes que j'ai déjà mentionnés. Parmi le sang nouveau, il y avait les personnes suivantes :

1. Le ministre de l'alimentation, Lord Woolton, ex-gérant de l'entreprise juive de Lewis's, Ltd.

2. Ministre de l'information, Sir J. Reith. Sir John est marié à l'une [des filles] de la famille Oldhams du *Daily Herald*. Le juif Elias (baron Southwood) a un intérêt important ici.

3. M. Ernest Bevin, ministre du travail. Il a été vice-président du *Daily Herald* sous le Baron de Southwood.

4. Sir J. L. Gilmour, en qualité de ministre des transports. Il est membre de l'entreprise juive de courtage Joseph Sobag & Co.

5. Lord Hankey, ministre sans portefeuille auprès du Cabinet de la guerre. Le *Sunday Express*, le 26 juin 1922, et le *Jewish Guardian*, le 30 juin 1922, l'ont mentionné comme étant juif.

6. M. Brenden Bracken, ministre de l'information, après Sir J. Reith. M. Bracken était dernièrement directeur général de l'*Economiste* sous contrôle juif. Il a récemment reçu un héritage du juif Sir H. Strakosch.

7. M. Alfred Duff Cooper, après une tournée de conférences aux États-Unis pour conditionner l'esprit américain à la guerre, est devenu chancelier du Duché de Lancaster. En tant que l'un des plus ardents défenseurs de l'opposition armée à Hitler, son enfant a été favorisé par le

fait que le feu Otto Kahn, de l'entreprise bancaire new-yorkaise de Kuhn-Loeb, devienne son parrain.

8. M. J. A. de Rothschild est devenu secrétaire parlementaire par intérim, ministre des approvisionnements en 1945.

Il ne s'agit en aucun cas d'un compte rendu complet des changements ministériels, mais cela servira à démontrer le genre de personnes qui ont formé notre gouvernement pendant la guerre. Le succès d'un politicien dépend de son travail pour le maintien de l'influence juive et ne jamais s'y opposer. On ne s'étonnera pas que la portée d'une telle influence soit refusée aux Britanniques. Tout politicien qui brise la Conspiration du Silence risque sa liberté et peut-être sa vie. Jusque là, le capitaine Ramsay s'en est tiré avec la perte de sa liberté.

Dans les strates étroites de notre vie nationale que j'ai examinée, j'ai montré comment il est très payant pour le politicien gentil complaisant de parler des juifs comme des innocents blessés qui ne participent jamais à la corruption des idées, à la dégénérescence nationale ou à la révolution sanglante. La presse contrôlée, la radio et le cinéma sont toujours à sa disposition. Mais les Britanniques indigènes qui osent s'opposer sont étouffés par cette influence étrangère et sont traités comme des criminels. C'est un anti-Gentilisme qui est facilité, encouragé et sans limite partout dans les cercles officiels.

Il y a des influences similaires dans les gouvernements des États-Unis et de la Russie qui ne nous sont pas inconnues ici en Grande-Bretagne, mais j'aimerais signaler que presque tous les agents importants envoyés dans ce pays par ces gouvernements ont été juifs ou accompagnés par des conseillers juifs.

L'ambassadeur soviétique à Londres durant les premières années de la guerre était le juif Maisky ; l'ambassadeur actuel est Féodor Gusev (Joseph). Les Alliés ne sont guère autorisés à parler les uns avec les autres sauf par l'entremise de leurs émissaires juifs ou avec des hommes mariés à des juives. Le ministère des Affaires étrangères soviétique a toujours été doté de juifs ou de leurs outils complaisants. Maxim Litvinoff, homme aux nombreux pseudonymes, l'a dirigé pendant des années. Le *Daily Telegraph* a rapporté, le 9 avril 1937, "*Depuis que M. Litvinoff a évincé Chicherin, aucun russe n'a jamais occupé un poste important dans le Commissariat aux affaires étrangères*". Cet article ignore que la mère de Chicherin était une juive. Molotov, ministre des Affaires étrangères, a une femme juive. L'un de ses deux assistants est le juif Lozovsky. Lozovsky a renouvelé le traité de pêche du Kamtchatka avec le Japon en 1942. Churchill avec Roosevelt ont été d'une aide considérable pour le faire entrer en guerre contre nous.

Litvinoff était l'ambassadeur soviétique aux États-Unis de 1941 à 1943 ; le juif B. E. Stein en Italie jusqu'à ce que les relations aient été interrompues par la guerre ; le juif Yureneff en Allemagne et le juif Souritz en France. L'influence continue dans l'armée - le soldat russe porte sur son casque l'étoile à cinq pointes de Juda. La presse a rapporté que le général juif [Ivan] Tchernikhovsky a dirigé l'Armée soviétique en Prusse orientale. L'Ukraine reconquise a pour ministre des affaires étrangères, le juif [Dmitri Zakharovitch] Manouïlski, un ancien associé du juif Bela Kun, chef de la Terreur rouge en Hongrie. Alors que les armées soviétiques traversaient la Hongrie, le juif Komlosi était Commissaire à Szeged et le juif Sobesi à Debreczen.

Mme Churchill a été accueillie par la juive Mme. Molotov et le juif Maisky à son arrivée à Moscou en 1945. La deuxième femme de Staline est juive et le juif Kaganovitch a été son bras droit.

Aux États-Unis, M. Cordell Hull est influencé par sa femme juive. M. Sol Bloom est président d'une importante commission des affaires étrangères. Le juif L. Steinhardt était ambassadeur en Russie. Il a depuis été déplacé vers la Turquie. Le demi-juif, ambassadeur pour la France, W. C. Bullitt, a largement contribué à empêcher que la Pologne et l'Allemagne ne parviennent à un accord à propos de la ville allemande de Danzig et du Corridor.

Le juif R.E. Schoenfeld occupait le poste de chargé d'affaires américain auprès des divers simulacres de "gouvernements" alliés à Londres. M. Bernard Baruch, "le doyen politicien" américain, a occupé différentes fonctions pour son rôle consultatif dans la mobilisation de l'effort de guerre dans ce pays. Le Trésor américain est dirigé par Henry Morgenthau, Jr., auteur de l'infâme plan de Morgenthau. Le juif Dr. H. Aboulker cachait dans sa maison des agents britanniques et américains qui préparaient l'invasion alliée de l'Afrique du Nord française. Le chroniqueur politique juif Walter Lippman était chargé d'instruire le public américain comment penser politiquement. Les Britanniques sont las de la phrase du *Times*, "comme le dit M. Walter Lippman." M. Lippmann a déclaré à la Société américaine des rédacteurs de journaux (21 avril 1944) que la paix du monde serait conservée par les États-Unis, la Russie et l'Empire britannique dans une alliance permanente.

En Italie, la chute de Mussolini a été provoquée par le juif Bottai et le demi-juif Ciano, et le non-juif Grandi. Bodoglio, qui a été retenu comme leader du pays, est dit être juif (*Opinion Magazine*, Rabbin Stephen S. Wise, éditeur, novembre 1939).

Le "général Tito" de Yougoslavie a fait du juif Moïse Pyade son vice-président ; le juif A. Berkani son juge suprême ; son conseiller sur les affaires étrangères est un homme nommé Levy et son conseiller financier, le juif Mikloshi. Les partisans slovènes (le "Front de libération") ont les leaders juifs Bebler, Kidric et Vidmar.

Le gouvernement français de De Gaulle était composé des personnes suivantes connues comme étant juives : René Meyer, ministre des communications ; Mendes France, ministre de la justice, en remplacement de J. Abadie, connu pour le meurtre judiciaire de M. Peuchau ; Pierre Bloch, sous-secrétaire de l'intérieur ; Alphand, directeur des affaires économiques ; J. Koenig, commandant en chef des forces françaises de juin 1944, et Carsain et Monthoux, secrétaires de De Gaulle. Le directeur du bureau de presse du ministère de la guerre à Alger est le juif Georges Meyer ; le maire d'Alger, 1945, est le juif S. Leber, directeur de la Banque d'Alger.

En Abyssinie, le juif Normand Bentwich a visité le pays pour conseiller l'Empereur sur la Constitution qu'il devait avoir. En conséquence, une administration presque complètement juive a été installée pour l'empereur. Le professeur Kamrat est responsable de l'éducation ; messieurs Tedesco et Katz gèrent les finances ; N. Marion est ministre de la justice ; le Dr A. Schalit est ministre de la santé et Ulendorf gère la propagande pour la consommation indigène.

En Érythrée, M. Greenspan est le procureur général.

Lorsque la Russie proposa des termes pour un armistice avec la Finlande en 1944, la communication a été faite par Marcus Wallenberg, un important financier juif en Suède (*Times*, 6 mars 1944). C'est grâce à Wallenberg que les États-Unis ont organisé une réduction de l'approvisionnement en roulements à billes suédois pour l'Allemagne.

En Ukraine, comme dans beaucoup d'autres pays, les partisans étaient en grande partie juifs. Ce sont leurs activités qui ont mené à des représailles dont nous avons beaucoup entendu parler.

Le Comité de coordination interallié, une organisation "principalement concernée par la propagande pour les Nations Unies", a comme secrétaire le juif A. Hamwee, qui a été arrêté à Buenos Aires en juin 1944, pour soupçons d'espionnage.

"La Belgique libérée" avait le juif Gutt comme ministre des Finances. Ses décrets de confiscation sont bien connus.

Pour "la Grèce libérée" c'est le juif Sir S.D. Waley qui fut envoyé pour conseiller sur la nouvelle monnaie. En conséquence, la Grèce est maintenant asservie sous l'étalon-or.

Alors que les Alliés déferlaient en Allemagne, les juifs ont été placés dans des postes administratifs importants. Le juif Winkler est devenu commissaire de police à Cologne. Le juif H. Fried est devenu le gouverneur militaire américain de Hanovre.

Henry Morgenthau, Jr., est l'auteur du Plan Morgenthau, fondé sur la Déclaration de Potsdam.

Le *London Economist*, du 28 août 1945, a écrit à propos de la Déclaration de Potsdam :

> La conviction que la proposition de paix à Potsdam est une paix vraiment mauvaise ne repose sur aucun adoucissement sentimental envers l'Allemagne. Elle est fondée sur la conviction que le système proposé est irrécupérable Elle offre peu d'espoir pour une ultime réconciliation allemande. Elle offre peu d'espoir que les Alliés maintiennent leurs contrôles encombrants au-delà des premières années de la paix. Ses méthodes de réparation renforcent l'autonomie en Russie et consomment la ruine non seulement de l'Allemagne mais de l'Europe. Il n'y a pas une seule idée constructive, pas une seule perspective d'espoir pour le monde d'après-guerre.

Le sénateur William Langer (Dakota du Nord) a déclaré au Sénat des États-Unis :

> M. Morgenthau est maintenant reconnu coupable devant la conscience du monde en tant qu'instigateur de l'anéantissement systématique des peuples germanophones. Le dossier prouve, au-delà de tout doute, que ces grands prêtres fanatiques et réactionnaires de la haine et de la vengeance ne pourront jamais défendre leur conspiration devant la raison humaine ou la décence humaine. (Document du Congrès, 18 avril 1946.)

Le colonel Bernard Bernstein est l'enquêteur en chef du cartel pour l'Armée des États-Unis.

Le juge de district des États-Unis Simon H. Rifkind a été nommé conseiller spécial du général Eisenhower (et plus tard du général Joseph T. McNarney) après que le défunt général Patton ait ridiculisé la dénazification en déclarant qu'il n'avait 'jamais vu la nécessité du programme de dénazification' (*New York Times*, 23 septembre 1945.)

Le 24 septembre 1945, le *New York Times* a rédigé l'éditorial suivant :

LES POLITIQUES DU GÉNÉRAL PATTON

> Le général Patton est un bon soldat. Il a gagné la reconnaissance bien méritée du peuple américain pour son brillant leadership militaire. Mais le général Patton est maintenant chef du gouvernement militaire de Bavière, et ce qu'il dit sur le sujet de la politique d'occupation affecte certainement l'attitude de nos propres troupes et la réponse du peuple allemand. Lorsque, par conséquent, le général Patton dédaigne le but même pour lequel la guerre en Europe a été combattue - à savoir la dénazification de l'Allemagne - nous considérons que ses remarques devraient être contestées soit par son commandant, le général Eisenhower, ou ses supérieurs à Washington.

Cette opinion éditoriale d'un journal faisant autorité aux États-Unis, appartenant à M. Arthur Hays Sulzberger, l'éditeur juif, n'est qu'une confirmation de notre propre opinion selon laquelle la guerre était juive. La dénazification a amené partout avec elle l'administration juive.

Les Soviétiques ont nommé le juif Scheinine comme enquêteur criminel dans leur zone à Berlin.

Partout où les Alliés "libèrent", il se produit à la fois confusion, désespoir et anarchie. Lorsque la puissance occupante est la Russie, aucun individu opposé au bolchevisme ne peut espérer quelque chose de mieux que la famine : pour les moins chanceux, il y a une déportation et une mort sans nom dans les prisons, les camps d'internement et les mines. L'évêque de Gloucester à l'Assemblée de l'Église en février 1945 a décrit comment les Russes tentaient de détruire les peuples et leurs églises en Lettonie et en Estonie. La plus grande partie de l'Europe est déjà en prise avec le bolchevisme. Lorsque les pays européens ont été "libérés" par les forces britanniques et américaines, des gouvernements impuissants d'une nuance de rose à rouge ont été formés. Les personnes ont faim et, sauf lorsque les troupes alliées font régner l'ordre, la bestialité barbare, auparavant sous contrôle discipliné par les gouvernements fasciste et national-socialiste, est à nouveau lâchée. Les exploits "clandestins" sont exaltés dans la presse démocratique libérale alors que les efforts des gouvernements légalement constitués pour contrôler cette menace à leur sécurité ont été soumis aux plus viles calomnies. Au lecteur de faire le lien entre cet anachronisme et le grand nombre de noms juifs apparaissant dans les rapports d'activités "clandestins".

Il y a clairement une volonté de bolchéviser l'Europe. La famine est la meilleure base pour une révolution bolchevique. Est-ce pourquoi la famine suit toujours la "libération" ? Nous avons vu comment l'UNRRA et la fourniture de matériels sont largement contrôlées par les juifs. Il vaut la peine de penser à la longue occupation des ports français par les garnisons allemandes. Alors que les Russes avançaient en Allemagne de l'Est, ils ont liquidé les garnisons des ports de la Baltique aussitôt qu'ils l'ont pu. Je suggère que la politique passive adoptée par la Grande-Bretagne et l'Amérique à l'égard des ports français n'a peut-être pas été imposée par des considérations militaires, mais par le pouvoir suprême derrière les Alliés, afin d'assurer la non-disponibilité des ports et la famine des peuples "libérés", dans le but de faciliter la bolchevisation.

Ce chapitre ne sera pas complet sans quelques mots à propos de deux ordres du général Eisenhower. L'un, insistant sur la capitulation inconditionnelle, et l'autre, imposant la non-fraternisation avec les Allemands.

Notre politique de reddition inconditionnelle a prolongé la guerre bien au-delà de ce qui était nécessaire. Cela a fait des milliers de victimes inutiles. Elle a assuré l'anéantissement de nombreuses villes anciennes et modernes, ainsi que les routes, les chemins de fer et les canaux qui les desservaient. Aucun intérêt allié ne peut être bénéfique. En ruinant l'Allemagne, nous avons ruiné un marché pour nos propres produits.

En ce qui concerne l'ordre de non-fraternisation, on aurait pu penser que si la mentalité allemande avait été aussi déformée qu'on l'a prétendu, un bon remède aurait été une conversation amicale entre les soldats alliés "éclairés" et les antisémites aveugles de l'Allemagne. Ensuite, ceux-ci auraient pu se rendre compte combien ils étaient dans l'erreur.

Mais du point de vue d'une dénazification juive, la ruine de l'Allemagne, la destruction de sa culture et le massacre de ses combattants dans la bataille ne signifient rien mis en perspective avec un Ancien Testament imprégné de la mentalité asiatique de vengeance et d'extermination.

La fraternisation aurait rapidement fait que les combattants alliés prennent conscience de l'influence juive pour laquelle ils avaient été conduits dans la bataille. Grâce à la fraternisation, ils auraient vraiment découvert pour quoi ils avaient combattu ! Non, il fallait maintenir l'ordre de non-fraternisation jusqu'à ce que la plupart des "Nazis" aient été anéantis, et c'est ce qui a été fait.

La non-fraternisation est tout à fait contraire à toutes les idées de chevalerie britannique et très éloignée de l'esprit britannique aryen.

Chapitre 19

La paix : défaite de la Grande-Bretagne quel que soit le vainqueur

SI la paix était arrivée par la négociation ou par la force des choses, les Britanniques auraient pu faire face à l'influence juive dominant les affaires de leur pays. Ensuite, il y aurait eu de bonnes chances d'un brillant avenir britannique.

Mais les Nations Unies ont gagné haut la main, ce qui a permis à l'influence juive d'obtenir une domination mondiale complète à travers les gouvernements des États-Unis, de la Russie et de l'Empire britannique. Cette influence en Russie contrôlera le continent, et les États-Unis tiendront le reste du monde en servitude pour dettes.

"Les États-Unis, la plus grande puissance navale du monde," admet le *Times*, du 31 août 1944. "*C'est indéniable*", dit cet article du 11 novembre 1944, "que le fil conducteur qui traverse toute la pensée américaine sur ce sujet est que l'ère de la puissance navale était à la Grande-Bretagne ce que l'ère de la puissance aérienne est à l'Amérique".

La Russie a déjà montré que chaque fois qu'elle le désire, elle peut se passer de la Grande-Bretagne. Elle a fait la guerre à la Bulgarie sans nous consulter au moment même où nos émissaires conféraient avec les représentants bulgares sur les termes d'une paix. Citons les propres estimations de Churchill sur les intentions soviétiques à partir de son ouvrage *Great Contemporaries* (1937, p. 168) :

> Aucune confiance ne doit et ne peut être maintenue avec les communistes. Tout acte de bonne volonté, de tolérance, de conciliation,

de miséricorde, de magnanimité de la part des gouvernements ou des hommes d'État doit être utilisé pour les mener à la ruine. Ensuite, le moment venu et au moment opportun, toute forme de violence mortelle, de la révolte de la foule à l'assassinat privé doit être utilisée sans discussion ou scrupule. La citadelle sera prise d'assaut sous les bannières de la Liberté et de la Démocratie ; et une fois l'appareil du pouvoir entre les mains de la Fraternité, toute opposition, toutes opinions de contraires seront maîtrisées par la mort. La démocratie n'est qu'un outil à utiliser qui par la suite doit être brisé.

Oui, c'était Churchill, le Bulldog britannique, le Sauveur de l'Humanité ! qui annonce que la politique de la Grande-Bretagne est de maintenir une amitié ininterrompue avec les démons qu'il décrit ! Il permet à ses subalternes de tromper les masses avec le slogan "épouvantail bolcheviste". Les intentions de Staline ont été clairement énoncées dans Leninism (Allen & Unwin, 1942) : ils doivent construire en Russie une "dictature du prolétariat" si puissante qu'elle puisse affronter le "Bourgeois" avec un pouvoir invincible. Ensuite, ce pouvoir sera utilisé contre eux : la dictature n'est pas le prolétariat du tout - le prolétariat est impuissant. Le pouvoir réel est l'influence juive. Les plans sont déjà dans les cartons.

Bien qu'il y ait maintenant une certaine connaissance du public concernant la nocivité de l'étalon-or, grâce aux efforts pionniers de feu Arthur Kitson, suffisante peut-être pour empêcher l'adoption par ce pays d'un étalon-or direct, il est probable qu'un étalon-or camouflé puisse nous être imposé. Henry Morgenthau, Jr., a élaboré un tel plan à la Conférence monétaire internationale à Bretton Woods en 1944. Une discussion à ce sujet à la Chambre des communes a été empêchée par la ruse. Wall Street se conformera avec les intérêts des producteurs d'or sous contrôle juif de l'Afrique du Sud et avec les Soviétiques. Les armes de domination seront :

1. L'or.

2. Une dette inextinguible.

Une paix de domination peut être appliquée au moyen d'une force aérienne internationale maintenue par l'Organisation des Nations Unies influencée par les juifs.

Révélations d'un Goy-averti

Le comte de Harewood, Grand maître de la Grande Loge des Etats-Unis, lors de l'Investiture annuelle des officiers de la franc-maçonnerie, le 26 avril 1944, a exprimé l'espoir :

> ...qu'avant le prochain festival, l'Europe serait sûre et que les officiers nommés ce jour-là entreront dans une année où les principes de la franc-maçonnerie et leur influence pourraient jouer un rôle précieux dans les colonies de paix dans le monde entier.

Ainsi, nous tenons du Grand Maître lui-même que la franc-maçonnerie est politique et que la Grande Loge fait partie d'une organisation mondiale.[21]

En 1937, le roi George VI a accepté que le bureau de la maçonnerie soit aux mains d'un sujet.[22] C'est l'abdication virtuelle. C'est un point prendre en considération, lorsque tout ce que le gouvernement a fait depuis était illégal, y compris la précipitation de l'Empire dans une guerre et l'emprisonnement indéfini sans procès contre les hommes et les femmes patriotes qui ont cherché à l'empêcher.

Sir Stafford Cripps, dont les tendances marxistes sont bien connues, a fait cette déclaration intéressante à propos de la prochaine guerre à Ipswich, le 13 octobre 1935 :

> Si la guerre arrive, car elle arrivera probablement, cette guerre doit être utilisée pour la destruction du capitalisme. Elle devra être utilisée par les travailleurs de ce pays pour saper tout le système.

Les travailleurs ont tellement été conditionnés par des influences juives sur la théorie marxiste qu'ils ne savent pas que l'ABSENCE DE

---

[21] Voir *Marxisme et Judaïsme*, de Salluste.

[22] Un timbre postal régulièrement imprimé par le gouvernement, montre en plus de la tête couronnée du roi George VI, qui est d'usage, cinq symboles maçonniques importants : le carré et la boussole, la truelle, le maillet, un rameau d'acacia porté par la colombe de la paix et la corde à nœud. Cette reconnaissance officielle de la franc-maçonnerie indique à quel point la Fraternité qui a lieu dans ce pays est tenue en haute considération. Gagner un tel honneur est une preuve remarquable que l'influence des principes maçonniques et de l'enseignement se reflète dans la vision, le progrès et le bien-être de la nation. (Tiré du *Masonic Chronicler*, Waterloo, Wisconsin, U. S. A.).

La guerre de survie juive – Arnold S. Leese

PROPRIÉTÉ et l'USURE sont leurs vrais ennemis. Les auteurs anglais, Arthur Peaty et Hilaire Belloc méritent d'être lus à ce sujet.

Des sionistes importants prévoient en toute confiance que la Grande-Bretagne sera obligée de céder la Palestine aux juifs après la guerre. Par exemple, dans le *New York Times* du 3 janvier 1946, Louis Lipsky, du Comité exécutif du sionisme mondial, a averti la Grande-Bretagne qu'un coup de hache pourrait bien être donné dans la ligne de communication de l'Empire britannique qui s'étend jusqu'en Inde. Lors de ce rassemblement au Carnegie Hall, parrainé par des Sionistes américains proéminents, le rabbin hongrois de naissance, Stephen Wise, en montrant les bannières dans la salle portant la légende "Les Chalutzim américains sont prêts à construire et à défendre la Palestine" et "Aliya, en toutes circonstances", a déclaré :

> 'Nous voulons dire exactement ce que cela dit', ajoutant, 'et *aucun gouvernement ne peut l'empêcher.*'

Évidemment, les juifs peuvent menacer arrogamment les gouvernements du monde et être encensés pour cela, mais la critique de ceux-ci est interdite. Il doit y avoir une "parole libre" sur tous les sujets, à l'exception de leur propre intrigue internationale qui maintient le monde dans la tourmente.

Le député démocrate Patterson a présenté un projet de loi, H. R. 6897, le 27 juin 1946, à la Chambre des représentants aux États-Unis, afin de rendre toutes critiques contre les activités juives punissables d'une amende et d'emprisonnement.

En Angleterre et aux États-Unis, les patriotes ont été emprisonnés pour de telles critiques. Il n'est pas encore possible de les exécuter comme en Russie soviétique (où la critique des activités juives est une infraction capitale) et qui a valu à Peucheu son exécution judiciaire en Afrique du Nord. Cependant, il est peu probable qu'il y ait suffisamment d'opinions éclairées dans l'un ou l'autre pays pour offrir une résistance sérieuse à une telle politique.

Chapitre 20

Conclusion

J'AI montré dans les pages qui précèdent que toute "cause" ostensible pour cette guerre donnée par les politiciens et la presse est fausse.

C'était une GUERRE DE SURVIE JUIVE.

Les nations qui se battaient y furent forcées par les influences juives de la "démocratie" et du bolchevisme. Les peuples sont incapables de se protéger contre l'influence de la communauté juive mondiale organisée dans le cadre du système démocratique.

La stupide doctrine qui dit qu'être anti-juif c'est être pro-allemand a été prêchée par certains de nos politiciens parlementaires. Qu'une telle chose est erronée est montrée par les mots du révérant. C. B. Mortlock, prêchant à l'abbaye de Westminister le 2 janvier 1943 à l'occasion de l'offre d'une prière spéciale pour le peuple juif "persécuté". Il a dit :

> À quelle fréquence rencontrez-vous l'homme qui est prêt à faire tout son possible pour vaincre totalement les Allemands, mais admet qu'il a une certaine sympathie pour la dénonciation hitlérienne des juifs. (*Jewish Chronicle*, 8 janvier 1943.)

Des centaines de citoyens britanniques décents ont été emprisonnés pour des années sans procès ou accusés simplement parce qu'ils étaient conscients de la menace de l'influence juive et de ses méthodes de travail. Ils étaient dangereux pour les juifs, pas pour leur pays. Ils étaient fidèles à leur propre race lorsque le gouvernement ne l'était pas. L'"épouvantail bolcheviste" n'est pas une histoire de fantômes, mais une réalité inspirée par les juifs.[23]

Sir George W. Rendel a dit :

> ...l'antisémitisme en Europe est l'une des choses contre lesquelles les Nations Unies luttent pour y mettre fin. Nous espérons établir en Europe centrale des pays sans théories raciales.

De même, en juin 1944, M. Michael Foot a déclaré lors d'une réunion à Grosvenor House :

> Lorsque les armées des Nations Unies reviennent en Europe, l'un de leurs principaux objectifs doit être d'éradiquer la croyance antisémite qui avait été prêchée par Hitler.[24]

"Une des choses" ! "L'un des principaux objectifs" ! C'était le SEUL ET UNIQUE BUT, car aucun autre ne peut être justifié.

Même le *Jewish Chronicle* est d'accord avec cette conclusion dans son premier article du 2 février 1945, qui parle de " *l'antisémitisme, sans lequel cette guerre n'aurait probablement pas eu lieu.*"

Eh bien, elle EST arrivée, et le résultat est la pure dévastation de la meilleure partie de l'Europe et sa domination par le bolchevisme, tandis que l'Empire britannique, presque ruiné et pourri au cœur par des influences juives, recule à la position d'une puissance de second ordre.

Je suis heureux d'avoir fait ce minimum qu'il était possible de faire pour essayer d'empêcher tout cela et je regrette que l'influence juive agissant par le pouvoir de l'argent et de la propagande dans l'autre sens, ait remporté le premier round haut la main, en sacrifiant des millions de Gentils trompés dans une GUERRE DE SURVIE JUIVE.

---

[23] Voir *Marxisme et Judaïsme*, de Salluste.

[24] M. Atlee, proposant la résolution pour la ratification du plan de paix de San Francisco, a déclaré : 'Bien que l'accord ait empêché l'organisation mondiale d'interférer dans les affaires intérieures de n'importe quel pays, il était sûr que cela agirait rapidement si, par exemple, un tel outrage que le traitement des juifs en Allemagne par Hitler se reproduisait.'

Révélations d'un Goy-averti

Les juifs gagneront également le round suivant, à moins que ceux d'entre nous qui possèdent l'intelligence et le caractère utilisent les deux et réalisent que Disraeli a écrit - TOUT EST RACE, et cherchent à éliminer de notre civilisation et de notre culture l'influence juive qui a causé les grands schismes sanglants entre les peuples occidentaux de race et d'esprit apparentés.

ANNEXE 1

La guerre d'extermination

IL est opportun de commenter l'expression Guerre d'extermination qui apparaît dans les discours d'Hitler alors que le bombardement aérien des populations civiles augmentait d'intensité.

Dans l'offre de paix d'Hitler du 31 mars 1936, on a cherché à limiter la guerre aérienne au-delà de la portée de l'artillerie moyenne-lourde. L'offre a été rejetée.[25]

Le vendredi 10 mai 1940, la ville ouverte de Fribourg, en dehors de la zone des opérations militaires, a été bombardée par les avions des puissances occidentales. Cinquante-trois civils, dont vingt enfants qui jouaient dans un jardin public, ont été tués et 151 civils ont été blessés. M. Taylor de la Croix-Rouge américaine a signalé l'incident au *New York Times* du 13 mai 1940.

Ce fut le premier bombardement de populations civiles dans des villes sans défense en dehors de la zone d'opérations militaires. Les Allemands ont protesté et ont continué à protester sans représailles alors que les avions alliés continuaient le bombardement des populations civiles. Après quelques mois, les autorités militaires allemandes ont prévenu que les représailles, auxquelles ils n'avaient pas encore eu recours, auraient lieu si les bombardements contre des civils et des villes non protégées en dehors des zones de bataille continuaient.

Le bombardement n'a pas cessé.

---

[25] Voir Annexe 2, p. 115.

Révélations d'un Goy-averti

Il semblerait que cela ne se soit pas arrêté parce que les Alliés cherchaient à provoquer des représailles à des fins de propagande. Les représailles sont arrivées avec le bombardement de Londres en septembre 1940.

Le désir d'Hitler de limiter la guerre aérienne aux zones de combat avait été mis en échec.

Avec le bombardement croissant des populations civiles, les discours d'Hitler ont commencé à mentionner la guerre d'extermination. Les intentions alliées donnaient toutes les apparences d'une tentative pour exterminer la population allemande. (L'effacement insensé et presque complet de Dresde, l'une des plus belles villes de l'ancienne Europe, en février 1945, est certainement une indication de [cette] intention. Affligé par des réfugiés fuyant la terreur bolchevique dans l'Est, des milliers de civils ont été tués. Les évènements ultérieurs depuis la fin du conflit ne servent qu'à renforcer la croyance en un programme planifié d'extermination.) Les Allemands ont commencé à prendre des contre-mesures contre ceux qui sont à leur portée et qu'ils considéraient être les responsables.

Samuel Landman n'a-t-il pas écrit dans sa brochure *La Grande-Bretagne, les juifs et la Palestine* (New Zionist Publications, Londres, 1936) :

> '...le fait que ce soit une aide juive qui a entraîné les États-Unis dans la guerre du côté des Alliés a nourrit une rancœur dans les esprits allemands - en particulier les esprits nazis – et a contribué en grande partie à l'importance qu'occupe l'antisémitisme dans le programme nazi.' ?

À propos de la préparation de la paix de 1919, le Dr E.J. Dillon, du *Daily Telegraph* de Londres, a écrit dans son livre *The Inside Story of the Peace Conference* (Harpers, 1920) que les délégués à la Conférence de l'Europe de l'Est ont consigné la formule suivante :

> Dorénavant, le monde sera gouverné par les Anglo-Saxons qui, à leur tour, sont influencées par leurs éléments juifs ...et qui le considèrent comme mortel pour la paix de l'Europe de l'Est. (p. 497.)

Samuel Untermeyer n'a-t-il pas fait pour la communauté juive du monde une déclaration de guerre contre l'Allemagne sur la station de radio américaine WABC le 7 août 1933, parlant de

'...la guerre sainte pour la cause de l'humanité dans laquelle nous sommes embarqués' ?

L'auteur juif, Théodore N. Kaufman, dans son livre *L'ALLEMAGNE DOIT PÉRIR* (Argyle Press, Newark, N. J., 1941) n'a-t-il pas recommandé l'extermination du peuple allemand par stérilisation ?

Les juifs peuvent-ils blâmer quelqu'un d'autre qu'eux-mêmes pour tout ce qui leur est arrivé en Europe ?

Hitler, dans ses discours, a parlé des aspects internationaux du peuple juif en tant qu'homme qui devait s'occuper quotidiennement de ce problème en tant que force mondiale affectant son pays. Ses discours sont à la disposition de tous ceux qui voudraient se donner la peine de les lire. Mais il y a de meilleurs théoriciens sur ce sujet qu'Hitler.

L'un est l'érudit israélite Bernard Lazare, déjà mentionné à la page 42.

Un autre est Théodore Herzl et de lui, je ne citerai qu'un court paragraphe :

> Quand nous coulons, nous devenons prolétaire révolutionnaire, officiers subordonnés de tous les partis révolutionnaires et en même temps, lorsque nous nous élevons, s'élève aussi notre terrible pouvoir du porte-monnaie. (L'État juif, p. 26, Bureau central de l'Organisation sioniste, Londres, 1934.)

Hitler n'a jamais écrit quelque chose de plus dévastateur que ça.

ANNEXE 2

Ce que le monde a rejeté : l'offre de paix d'Hitler du 1ᵉʳ avril 1936

EN 1936, Hitler a envoyé des notes au gouvernement britannique préconisant la proscription d'avion de type bombardier et du bombardement aérien.

À Genève, Anthony Eden, alors ministre britannique des Affaires étrangères, a défendu le bombardier en tant que "arme de police efficace et humaine" pour maintenir l'ordre public parmi les tribus indisciplinées dans certaines colonies britanniques.

Le 1er avril 1936, selon les documents de la Ligue des Nations de Genève, Joachim von Ribbentrop, alors ambassadeur d'Allemagne à Londres, a délivré une note d'Hitler sur un plan européen de pacification dans lequel, entre autres propositions de limitation d'armes, il proposait :

L'interdiction de laisser tomber des bombes au gaz, toxiques ou incendiaires.

L'interdiction de larguer des bombes de quelque nature que ce soit sur des localités ouvertes en dehors de la gamme de l'artillerie moyenne sur les fronts de combat.

L'interdiction de bombardements avec des canons à longue portée distant de plus de 20 kilomètres des zones de combat.

L'abolition et l'interdiction de l'artillerie lourde.

La note ajoutait :

> Le gouvernement allemand se déclare lui-même prêt à adhérer à tout arrangement de ce type dans la mesure où il est valable sur le plan international.
>
> Le gouvernement allemand croit que si une seule première étape est prise sur le chemin du désarmement, cela aura un effet énorme sur les relations entre les nations et par conséquent le retour de cette atmosphère de confiance qui est la condition préalable au développement du commerce et de la prospérité.

Eden, dans sa réponse à von Ribbentrop cinq semaines plus tard, le 6 mai 1936, a déclaré que le mémorandum allemand "*est très important et mérite une étude approfondie.*" (Extrait du câble de Karl von Wiegand de Rome, 19 novembre 1946, dans le *New York Journal-American*).

ANNEXE 3

Les procès de Nuremberg

2 octobre 1946
Le rédacteur en chef du *Times* (Londres)

Monsieur,

Jugé par la loi de Nuremberg, beaucoup parmi les hommes les plus honorés de l'histoire doivent être déclarés criminels et méritent la pendaison. Si l'agression et l'incitation à la guerre entre les États sont criminelles, il semblerait étrange pour la postérité que les restes de Napoléon soient conservés précieusement sur un autel sous le dôme des Invalides, tandis que ceux de Ribbentrop sont enterrés sous une potence. Parmi les accusations portées contre cet accusé en particulier, il y a celle qu'il a aidé ses Allemands des Sudètes contre le gouvernement tchécoslovaque. Mais Cavour, Mazzini et Garibaldi ont consacré leur vie, avec l'applaudissement général de la postérité, à fomenter des insurrections parmi les Italiens de Lombardie et de Vénétie contre leur légitime souverain autrichien.

Un autre des "crimes" de Ribbentrop fut de signer l'ordre d'incorporer l'Autriche au Reich. Outre le fait que cela a été fait avec l'approbation d'au moins un nombre considérable d'Autrichiens, en quoi la culpabilité du malheureux Allemand est supérieure à celle du docteur Jameson qui, en 1896, a fait la guerre contre le Transvaal ; ou celle de Cecil Rhodes et Sir Alfred Milner, qui ont certainement travaillé pour la destruction des deux républiques des Boers et leur incorporation dans l'Empire britannique ? Nous n'avons pas pendu Jameson quand il nous a été remis par le gouvernement Boer.

Les Américains savent aussi que beaucoup de leurs compatriotes ont estimé que Lincoln n'avait aucune justification pour contraindre les États en sécession par la force des armes. Alors, avec Sherman et Sheridan, les auteurs de la pratique de la "terreur" en tant de guerre, devraient être pendus à l'effigie à côté de l'ancien ambassadeur d'Allemagne à la Cour de Saint-Jacques.

Une autre accusation contre l'ex diplomate est qu'il a approuvé le lynchage des aviateurs alliés effectuant des attaques à la mitrailleuse contre la population civile. Il y a encore des Britanniques qui croient que cette forme d'attaque était propre à l'autre camp. Veuillez agréer,

l'assurance de ma haute considération,

EDMUND B. D'AUVERGNE.

ANNEXE 4

Nouvelles affectations

J. Pulitzer, rédacteur en chef juif et éditeur du St. Louis Post-Dispatch, a déclaré que l'ensemble de l'état-major général allemand, les industriels et les financiers, et presque tous, sinon tous les membres de la Gestapo et de la S.S. devraient être fusillés en tant que criminels de guerre.

L'organisateur derrière le couloir du Tribunal militaire international pour juger les "criminels de guerre" est le juge Samuel I. Rosenman, conseiller juif du défunt Roosevelt et du président Truman.

John J. O'Donnell, dans sa colonne "Capitol Stuff" dans le *Daily News* de New York du 16 mai 1946, a écrit :

> Le travail de procureur général lors du procès contre les crimes de guerre à Nuremberg était, bien sûr, une mise en scène politique soigneusement planifiée pour (Justice Robert) Jackson, le candidat au poste de gouverneur de New York. La philosophie juridique et le dossier développé à Nuremberg a complètement détruit toute réputation que Jackson pourrait avoir en tant que représentant de la justice, mais les garçons estiment encore que la performance minable peut être transmuée en votes. (Évidemment, "les garçons" ont changé d'avis - c'était trop minable.)

La Mission des Alliés pour les réparations allemandes à Moscou a pour membres :

Américain - Isador Lubin.

Polonais - Le juif Somerstajn.

Britannique - Le juif Sir David Waley.

Français – Le juif Rueff.

Gouvernement provisoire autrichien :

Le chef de ce gouvernement est Karl Renner... Le 22 juin 1928, il écrivit au président Masaryk de la Tchécoslovaquie lui demandant d'aider "dans l'intérêt de l'humanité" à faire évader Bela Kun (connue sous le nom de Cohen et chef de la terreur rouge en Hongrie et en Espagne) qui était en Autriche et voulait retourner en Russie. Renner a déclaré qu'il avait permis à Kun de fuir la Hongrie pour la Russie lors d'une précédente occasion (1919).

UNRRA - Administration des Nations Unies pour le secours et la réadaptation :

Son directeur général était le juif Herbert Lehman. Son successeur est Fiorello La Guardia qui a de nombreuses relations juives. Sa femme est juive. Leurs enfants adoptifs professent la foi protestante.

Au début de l'année, le directeur général Lehman, a appelé le général britannique Sir Frederick E. Morgan à New York pour faire un rapport sur sa déclaration d'un plan bien organisé des juifs, qui semblent prospères et bien nourris, pour sortir de l'Europe - un second exode, l'appelait-il. Arrivés à Berlin, avec beaucoup d'argent, ils ne ressemblent certainement pas à des personnes persécutées, a-t-il dit. M. Lehman a exonéré le général Morgan de toute intention de minimiser le sort des juifs.

Le 21 août 1946, l'actuel directeur général La Guardia aurait jugé *"possible de libérer le général Morgan"*. Il sera remplacé par Meyer Cohen.

L'UNRRA compte beaucoup de juifs dans son personnel: H. Alphand en France, dans la Division du bien-être social est H. Greenstein ; A. J. Rosemen était chef adjoint dans les Balkans ; M. Gottachalk était un agent de liaison à Frankfort. L'UNRRA n'est pas autorisée à opérer en Allemagne ou en Europe de l'Ouest.

M. La Guardia a brutalement attaqué le *Chicago Tribune* lorsqu'il a été interrogé sur les fonds de l'UNRRA.

UNO - Nominations de l'Organisation des Nations Unies :

Président du Comité chargé de créer une commission sur le contrôle de l'énergie atomique : le juif D. J. Manuilsky, Ukraine soviétique.

Membre américain de la Commission des Nations Unies sur l'énergie atomique : Bernard Baruch. Le *Times* de Londres, 19 mars 1946, a dit, "*il lui sera fait compte-rendu des résultats de l'étude préliminaire du problème de la fission nucléaire*", et David Lilienthal.

Le Secrétaire général adjoint chargé de l'information est Benjamin Cohen.

Le représentant américain sur le Comité de l'UNRRA : le représentant Sol Bloom, également chef de la commission des affaires étrangères de la Chambre des représentants.

Avocat général au secrétaire général : Abraham Feller.

Gouvernement républicain espagnol pour remplacer Franco :

Président : Diego Martinez Barrios, Grand Maître du Grand Orient espagnol.

Premier ministre : J. Giral, un maître du Grand Orient.

Secrétaire aux affaires étrangères : Le juif de los Rios.

Diverses affectations nationales :

Ambassadeur extraordinaire pour les missions économiques et financières à l'étranger pour la France : Léon Blum.

Chargé d'affaires pour la Pologne aux États-Unis. (Washington) : le juif Stephan Littauer (Voir le chapitre 1).

Consul général pour la Pologne aux États-Unis : le juif J. Galewski.

Sous-secrétaire d'État américain : Dean Acheson, jadis secrétaire privé du juge Louis D. Brandeis. Il a obtenu sa première importante affectation grâce à l'influence de la juge Felix Frankfurter.

Observateur officiel dans le bombardement atomique de Nagasaki : le journaliste juif W.L. Lawrence.

Le porte-parole français à Moscou : plans pour la Rhur et la Rhénanie : le juif H. Alphand.

Lord Chief Justice of Britain : Lord Goddard ; sa femme est une juive Schuster.

L'affaire d'espionnage canadien, 1946 :

La majorité des accusés sont juifs. Fred Rose, le député communiste, dont le vrai nom est Rosenberg, et Sam Carr, dont le vrai nom est Cohen.

LISEZ *LES ORIGINES SECRÈTES DU BOLCHEVISME*, de Salluste.

Une étude universitaire d'une influence importante perturbant la paix du monde. Revue de Paris.

BIBLIOGRAPHIE

À la Veille de la Renaissance, Eberlin.
Affaire de Tyler Kent, John Howland Snow, Affaires intérieures et étrangères.
American Hebrew.
American Journal of Semitic Languages.
Atlantic Monthly.
Carnegie Institute, Washington, D. C.
Century Magazine.
Chicago Tribune.
Cleveland News.
Coningsby, 1844.
Daily Express (London).
Daily Mail (London).
Daily Sketch (London).
Daily Telegraph (London).
Disgrace Abounding, Douglas Reed, Jonathan Cope.
Economist (London).
Evening News (London).
Evening Standard (London).
Financial News (London).
Financial (Times).
Foreign Capital in Poland, L. Wellicz.
Germany Must Perish, Theo Kaufman, Argyl Press, 1940.
Great Contemporaries, Winston Churchill.
Guerilla Warfare.
Hand Book No. 43, Poland.
Hebrew Origins, J. T. Meek, Harpers, 1936.
Inside Story of the Peace Conference, E. J. Dillon, Harpers, 1920.

It Might Have Happened To You.
Jewish Chronicle (London)
Jewish Post
Jewish World.
La Revue de Paris.
La Vie de Tanger.
Leninism, Stalin.
Life (U. S. A)
Life of Arnold, Dean Staley.
Life of Lord George Bentinck.
London Times.
Manchester Guardian.
Marxism and Judaism, [Les origines secrètes du bolchevisme] par Salluste, La Revue de Paris, juillet-août, 1928. Première traduction anglaise. Une étude scientifique d'une influence importante trouble la paix du monde. Prix trois shillings.
Masonic Chronicler, Waterloo, Wisc., U. S. A.
New Leader (New York).
New York Daily News.
New York Journal-American.
New York Times.
Nineteenth Century. A People's Runnymede, R. J. Scrutton, Andrew Dakers, 1924.
St. Louis Post-Dispatch.
Sunday Chronicle (London).
Sunday Express (London).
The Jews and Palestine, Samuel Landman.
The Jewish State, Theodor Herzl.
Toronto Evening Telegram.
Unfinished Victory, Arthur Bryant, Macmillian, 1940.
Washington Star.

INDEX

A

Abadie, J., **112**
Aboulker, H., **111**
Acheson, Dean, **133**
Açores, **39**
Agression
    Allemagne contre Pologne, **17, 18**
    Allié soviétique contre Estonie, Lituanie et Lettonie, **41**
    Allié soviétique contre Finlande, **42**
    Allié soviétique contre Pologne, **21, 22**
    Angleterre et France contre Allemagne, **42**
    Grande-Bretagne et France contre Allemagne, **21**
Alington, Dr, **52**
Allemagne
    démembrement par la Grande-Bretagne et la France, **42**
    et Pologne, **18**
Alphand, H., **112**
American Hebrew, **97, 135**
Amery, **108**
Antisémitisme cause de la guerre, **55, 87, 93, 96, 122, 125**
Arnold, Dr, **56**
Atlantic Monthly, **50**
Atrocités
    alliés, **50**
    Prisonniers de Guerre abattus, **50**

B

Baker, Noël
    aide secrète en Allemagne, **87**
Balfour déclaration, **45, 92**
Barbusse, Henry, **78**
Barrios, Diego Martinez, **133**
Baruch, Bernard, **111, 133**
Bearsted, Lord, **105**
Beck, colonel, **18, 19**
Bentinck, Lord George, **96**
Berkani, A., **111**
Bernays, R., **108**
Bevin, Ernest, **109**
Bialik, **95**
Bloch, Pierre, **112**
Bloom, Sol, **133**
Blum, Léon, **133**
Bodoglio, **111**
Bombardement des civils
    Hitler a cherché à le faire interdire en 1936, **124, 127**
Bottai, **111**

Bovenschen, Sir F. C., **104**
Boycott, **85, 86, 97, 99**
Bracken, Brenden, **109**
Bright, John, **15**
Brown, David A., **85**
   les juifs veulent la guerre contre
      l'Allemagne, **85**
Brown, Ernest, **105**
Bullitt, W. C., **111**
Bureau international du travail
   favorise le programme de travail
      national-socialiste allemand, **68**
   favorise les principes du fascisme, **66**
Burgin, L., **105**

C

Carlyle, Thomas
   sur la démocratie, **60**
Carnegie institut
   généalogie de Roosevelt, **41**
Carr, Sam (Cohen), **134**
Carsain, **112**
Cavour, **129**
Cazalet, Thelma, **105**
Chamberlain, Neville, **17, 45, 86, 99, 106**
Chamberlain, Sir Austen, **100**
Chandler, sénateur, **39**
Chicherin, **110**
Chine, **29, 47, 60**
Christianisme trahi par les hommes
   d'église, **48, 49**
Churchill, Winston
   Aide l'immigration juive vers la
      Grande-Bretagne (1904), **107**

associations et connexions, **106**
condamne le communisme, **61, 62, 67, 117**
défend le fascisme, **67**
et Bernard Baruch, **62, 106**
et Rothschild, **62, 106**
fait l'éloge d'Hitler, **67**
Ciano, **111**
Clark, Mark (général), **51**
Clark, sénateur B. C.
   expose le bellicisme d'Hollywood, **88**
Clemenceau
   sur la démocratie, **60**
Cohen, Benjamin, **133**
Cohen, Meyer, **132**
Communisme, explication, **95**
Coniff, Frank
   meurtre des prisonniers de guerre, **51**
Coningsby, **79, 81**

D

Daladier, **62, 97**
Danzig, **111**
Davies, Joseph E.
   Hitler a cherché la paix avec la
      Grande-Bretagne, **35**
   possibilité de paix avec l'Allemagne
      d'Hitler, **82**
Davis, R. J.
   Grande-Bretagne et Pologne, **24**
De la Warr, Earl, **105**
De Stein, **106**
Démocratie

alliance avec les dictateurs, **29, 58**
et irresponsabilité, **56**
Macauley, Lord condamne, **59**
outil du communisme, **118**
Démocratie
Britannia, mort de, **25**
dictature du pouvoir de l'argent juif, **28**
Démocratie
Goethe citation, sur l'évidence même, **60**
Devonshire, Duc de, **105**
Dillon, E. J. docteur, **125**
Disraeli, Benjamin
gouvernement anonyme, **95**
sur la révolution, **79**
Dodd, William, **86**
Dresde, bombardement de, **125**
Duff, Cooper, **40**

E

Eberlin, **90**
Economist London
condamne l'accord de Potsdam, **113**
Eden, Anthony
et les planificateurs du PPE, **86, 108, 127**
parle du plan de paix d'Hitler de 1936, **128**
Edmondson, Robert E., **85**
Égalité, exploitation juive exposée par le Dr Rugby, **54**
Églises chrétiennes détruites par les Soviétiques, **114**
Eili, Eili, cri de triomphe juif, **98**

Eisenhower, Dwight (général), **113**
Elliott, Walter (Rt. Honorable)
sur la guerre juive, **100**
Espagne, **39**

F

Fascisme
le bureau international du travail loue les principes du, **68**
loué par Churchill, **66**
loué par les habitants de Florence, **68**
Feller, Abraham, **133**
Finlande, **42, 45**
Ford, Henry
les financiers juifs ont causé la guerre, **92**
Fox, **15**
France, Mendes, **112**
Franc-maçonnerie
honoré par un timbre, **119**
influence politique, **119**
le roi George VI, **119**
Frankfurter, Félix, **133**
Fribourg, bombardement, **124**
Fried, H., **113**

G

Galewski, J., **133**
Gamarnik, **95**
Garbett, Dr, **48**
Garibaldi, **129**
George, le roi, **119**
Gilmour, J. L., **109**

Giral, J., **133**
Gloucester, évêque de
    les Églises chrétiennes n'ont pas été
        inquiétées par les Allemands, **49**
Goethe, sur la démocratie, **60**
Goga, premier ministre de la
    Roumanie, **97**
Goga, premier ministre de Roumanie,
    62
Gollancz, Victor, **86**
Gottachalk, **132**
Goyim, **54**
Grande-Bretagne, **73**
    la guerre avec l'Allemagne dépend de
        la Pologne, **74**
    la guerre avec le Japon dépend des
        U. S. A., **74**
    L'aide russe nécessaire pour écraser
        l'Allemagne, **72**
Grandi, **111**
Gregory, T. E. (Guggenheim), **105**
Gusev, Féodor, **110**
Gutt, **112**

H

Halifax, Lord, **18**
Hamwee, A., **112**
Hankey, Lord, **109**
Harewood, conte de, **119**
Hébreu origines, **56**
Heine, Heinrich, **56**
Herzl, Théodore, **78, 126**
Hess, Rudolf, mission de paix, **82**
Hitler, Adolf
    Churchill fait son éloge, **67**

    conscient de l'intrigue juive, **76, 125**
    les offres de paix rejetées par les
        pouvoirs, **80, 87, 125, 127**
    savait qui étaient les fauteurs de
        guerre, **76**
Hoare, Samuel (Sir), **104**
Hollywood, fait la promotion de la
    guerre, **88**
Hore, A. (Sir), **106**
Hore-Belisha, L., **19, 87, 98, 104, 106**
Hull, Cordell, **111**

I

Îles Canaries, (les)
    invasions planifiées, **39**
Iran, **39**
Irlande, **41**
Islande, occupation de l', **38**
Italie, prospère sous le Fascisme, **67**

J

Jabotinski, Vladimir, **90**
Jackson, Robert, **131**
Japon, **74**
Jefferson, Thomas, **55**
Jones, Edgar L., **50**

K

Kaganovitch, **111**
Katin, **22, 24**
Kemal, Atatürk, **62**
Kent, Tyler, **30, 135**
Kerensky, **32**

Kisch, Cecil (Sir), **105**
Kitson, Arthur, **118**
Koenig, J., **112**
Komlosi, **111**
Kun, Bela, **111, 132**

L

La Guardia, Fiorello, **132**
Landman, Samuel, **91, 92, 125, 136**
Lang, Dr, **48**
Langer, William (sénateur), **113**
Lawrence, W. L., **133**
Lazare, Bernard, **55, 78, 126**
Leese, Arnold persécution, **5**
Leese, Arnold persécution de, **26, 31, 100, 101, 121**
Lehman, Herbert, **132**
Léninisme, **118**
Les origines secrètes du bolchevisme, **55**
Lettonie, **41, 114**
Levy, Oscar, **91**
Libération et anarchisme, **106**
L'idée du peuple élu, **55**
Ligue anti-Nazi, **85**
Lilienthal, David, **133**
Lincoln, Abraham, **129**
Lindsay, Kenneth, **105, 108**
Lippman, Walter, **111**
Lituanie, **33, 41**
Litvinoff, **97, 108, 110**
Locker, Berl, **90**
Locker-Lampson, commandant, **108**
Lozovsky, **110**

Lubin, Isador, **131**
Lyttleton, Oliver, **72**

M

Macauley, Lord sur la démocratie, **59**
Macdonald, Malcolm, **105**
MacDonald, Ramsay, **15**
MacMahon, Henry (Sir), **45**
Maisky, **110**
Manuilsky, D. Z., **111**
Marcovitch, J. E., **85**
Marlborough, Duc de, **106**
Marx, Karl, **56, 58**
Marxism and Judaism, **56, 136**
Masaryk, **132**
Mattuck, Rabbi I. I., **58**
Maugham, Lord, **105**
Mazzini, **129**
Medina, Solomon, **106**
Meek, Théophile, **56**
Mendelssohn, Moïse, **56**
Mendes, France, **112**
Mensdorff, Comte
   Israël a gagné la guerre de 1914-18, **91**
Meyer, Georges, **112**
Mill, J. S. sur la démocratie, **60**
Molotov, **42, 110, 111**
Monthoux, **112**
Morgan, Frederick, (Sir, général), **132**
Morgenthau, Henry Jr. et le plan Morgenthau, **111, 113, 118**
Morrison Herbert, **15**
Morrison, Herbert
   contre la guerre en 1914, **30**

pour la guerre en 1939, **99**
Mortlock, C. B. (révérant), **121**
Moseley, C. H. (général)
 Sensible à l'influence juive aux U. S. A., **87**
Munich, **45**
Mussolini, Benito, **9, 68, 111**

N

Nathan, H. L. (Lord), **99**
Neimoller, Pasteur
 un agitateur politique, **49**
Néo-messianisme, **56**
Nichols, Beverly
 une guerre juive, **100**
Non-fraternisation, ordre de, **115**
Nuremberg, **16, 77**
 célébration, **86**
Nuremberg, les procès de, **129**
Nuremberg, procès, **131**

O

O'Donnell, John J., **131**
Oliver, Vic, **106**
Oumansky, **22**

P

P.P.E., **26, 27, 28, 105, 108**
Palestine, **19, 45, 88, 89, 90, 92, 99, 120, 125, 136**
Pape, sur le Communisme, **48**
Patton, général
 vilipendait la dé-nazification, **113**

Perlzweig, M. (rabbin), **98**
Perse
 occupation par Grande-Bretagne et Soviétiques, **39**
Peucheu, meurtre judiciaire, **112, 120**
Pitt, **15, 30, 91**
Planification politique et économique, voir P.P.E., **26**
Pologne
 la guerre avec l'Allemagne dépend de la Pologne, **18**
Pologne, un intérêt juif, **17, 18, 19, 20, 21, 22, 23, 24, 35, 36, 41, 42, 45, 46, 72, 73, 82, 96, 111, 133**
Potsdam, déclaration de, **113**
Presse, cherche la guerre avec l'Allemagne, **114**
Presse, cherche la guerre avec l'Allemagne, **45, 52, 85, 91, 121**
Presse, oublie le massacre de Katin, **23**
Projet de loi sur les étrangers (1904)
 Aide de Churchill, **107**
Pulitzer, J., **131**

R

Ramsay, A. H. M. (capitaine), **102**
Ravage, Marcus Eli, **91**
Règlement 18b, **32, 52, 93, 102, 104**
Règlement 18b, **30, 31**
Reith, John (Sir), **109**
Reitz, D. (colonel), **54**
Renner, Karl, **132**
Repington, C. (colonel), **91**
Ribbentrop, Joachim von, **127, 128, 129**

Rifkind, Simon H.
   conseiller d'Eisenhower et McNarney sur la dé-nazification, **113**
Roosevelt, président, **39, 53, 63, 66**
Rose, Fred (Rosenberg), **134**
Rosebery, Lord, **105, 106**
Rosenman, Samuel I., **131**
Rothschild, **106**
   et Churchill, **62**
   et le parti travailliste, **78**
   et Sidonia, **81**
   et Sikorsiki, **22**
   savait que la guerre arrivait en 1937, **92**
Roumanie
   démission de Goga, acte de dictature applaudi par la presse, **97**
Runciman, Lord, **105, 107**
Russie
   et la chrétienté, **47**
   et la Lituanie, la Lettonie et l'Estonie, **41**
   et la Pologne, **21, 22**

S

Salazar, **62**
Salluste, **56**
San Francisco conférence, **9, 43**
Sassoon, Philip (Sir), **86, 104, 108**
Scheinine, **114**
Schoenfeld, R. E., **111**
Schultz, Benjamin, **54**
Sears (capitaine)
   a enlevé couronne de fleurs du cénotaphe Hitler, **85**
Selbourne (Comte de), **40**
Sherman (général), **130**
Shertok, Moshe, **99**
Sidonia, **81**
Sieff, Moses, Israël, **27, 86, 105, 108**
Sikorski (général), **22**
Silver, A. H. (rabbin), **89**
Simon, John (Lord), **104**
Sionistes
   en guerre contre la Grande-Bretagne, **90**
   font entrer les U.S. dans la guerre, **92**
Smith, Goldwin, **91**
Smuts, Jan (général), **85**
Sobesi, **111**
Somerstajn, E., **131**
Soulbury, Lorrd (Ramsbotham), **106**
Southwood, Lord, **109**
Staline, **111, 118**
Stanhope, Lord, **105**
Stanley, Dean, (Honorable, général), **56**
Stein, B. E., **110**
Steinhardt, L., **111**
Stoddard, Lothrop
   sur le désir de paix de l'Allemagne, **82**
Stokes, Richard, **15, 26**
Strachey, John
   influence Rothschild à joindre le parti travailliste, **78**
Strakosch H. (Sir), **104**
Sulzberger, Arthur Hays, **114**

T

Toeplitz, Giuseppe, **68**
Traité de Versailles, **44**
Tribunal militaire international, **131**
Truman, président, **131**
Turquie, **62**

U

UNRRA, **115, 132, 133**
Untermeyer, Samuel
    déclare la guerre sainte à
        l'Allemagne, **99**
    déclare la guerre sainte à
        l'Allemagne, **125**
    organise le boycott de l'Allemagne,
        85, 100
Usure, **28, 119**

V

Vatican, préfère le Communisme au
    Nazisme, **49**

W

Wallenberg, Marcus, **112**
Warr, Comte de, **105**
Wedgewood, **72**
Weizmann, Chaim, **99**
Welles, Sumner, **36, 39**
Welliscz, L., **19**
Wise, Stephen (rabbin), **120**
Wolfe, Humbert, **18**
Wood, Kingsley (Sir), **73**
Woolton, Lord, **109**

Y

Yerusalemsky, **42**
Yureneff, **110**

Z

Zetland, marquis de, **105**
Zunz, Léopold, **56**

www.ingramcontent.com/pod-product-compliance
Lightning Source LLC
LaVergne TN
LVHW091554060526
838200LV00036B/827